教改实验荟萃

顾明远签

守望幸福　砥砺前行

——一位教育工作者的行与思

刘金霞　著

山东大学出版社

·济南·

图书在版编目(CIP)数据

守望幸福　砥砺前行:一位教育工作者的行与思/刘金霞著.—济南:山东大学出版社,2021.6

(“教改实验荟萃”系列/姜晓波主编)

ISBN 978-7-5607-7021-5

Ⅰ.①守…　Ⅱ.①刘…　Ⅲ.①教育—随笔—中国—文集　Ⅳ.①G52-53

中国版本图书馆 CIP 数据核字(2021)第 109141 号

策划编辑　秦大忠
责任编辑　李艳玲
封面设计　滕正辉

出版发行　山东大学出版社
社　　址　山东省济南市山大南路 20 号
邮政编码　250100
发行热线　(0531)88363008
经　　销　新华书店
印　　刷　山东和平商务有限公司
规　　格　720 毫米×1000 毫米　1/16
　　　　　2 插页　11.75 印张　223 千字
版　　次　2021 年 6 月第 1 版
印　　次　2021 年 6 月第 1 次印刷
定　　价　46.00 元

序

读罢刘金霞老师的著作《守望幸福　砥砺前行——一位教育工作者的行与思》，我的心头不由生出一种感动和感叹。

感动源于一位教育工作者对教育的热爱与执着。不断地读书、写作，不仅是教师教书育人的需要，而且是其自身成长的需要。刘老师三十年如一日，持之以恒，实属难能可贵。

刘老师这部心灵之作自始至终传递着“新教育”的理念和“新教育”实验的价值追求——致力于让教师和学生体验一种幸福的教育生活。这本书的核心思想，就是“幸福”二字。幸福是现代教育的终极价值，“有灵魂的教育”不仅要将孩子们培养成有用之人，还应教会他们追求幸福，将他们培育成幸福的人。

刘老师用自己的眼睛、智慧和手中的笔，讲述了一个教育工作者平平常常却又真真切切的教育生活，记录了一次次扎实的教研活动、一堂堂精彩的公开课、一次次难忘的外出培训、一本本经意或不经意间浏览的书、一段段艰辛的心路历程……一段段鲜活的心灵感悟活脱脱展现在读者面前，让人为之动容。

感叹源于每个一线教师都曾经历的点点滴滴，在本书中变成了或生动、或俏皮、或喜悦、或感伤的语言，有时波澜起伏，有时静如止水，有时花团锦簇，有时淡若烟云，遣词用句尽展灵动色彩，激发教育的守望者、奋斗者们共鸣、共振、共勉、共享。本书从不同角度，告诉我们教育是什么，教育工作的魅力在哪里，教育的幸福感在哪里，让我们看到了教师生涯的真谛和美好，增强了做好教育工作的责任感、使命感和幸福感。

中国特色社会主义已经进入新时代，培养德智体美劳全面发展的社会主义建设者和接班人的大任落在每个教育工作者的肩上。置身教育发展大潮，我们始终不能忘记教师的初心，那就是教好书，育好人，让更多的孩子接受更好的教育，使他们健康快乐地成长。让我们更加坚定地守望教育的广袤田野，在每个孩子的心田播撒下希望的种子，从而收获累累的硕果！

是为序。

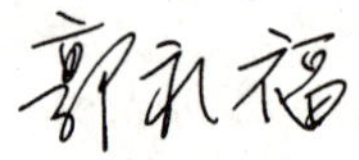

（作者系中国教育学会原常务副会长、编审）

2021年5月

目　录

教育随笔

书海扬帆

听课札记

培训情思

课程思考

生活花絮

教育随笔

一个个生动的故事，一段段心灵的对话，一次次深刻的思考……回望30多年教育生涯，足迹坚深，令人欣慰；足音跫跫，犹然在耳。路漫漫其修远兮，吾将上下而求索。让我们共同书写教育人生的挚爱真情吧！

采菊东篱，共同学习

——幸福教师“至乐苑”讲坛随感

2015年11～12月，我们8位教师被派往上海挂职研修，大家都深感荣幸。研修即将结束的时候，我们几位老师集聚一堂，分别作了汇报。教导处李华娟主任给大家谈了自己在上海徐汇区汇师小学的所学所悟，重点突出，对我们今后的教学有很大的指导作用。曹义玲老师以《如何做好一名教师》为题，畅谈了自己在挂职学校的所感所获；内容全面具体，无论从课件制作上还是文字整理上，都能看出她是一位很有责任心的教师。教导处张琳琳副主任从学校文化、管理等方面，真诚地谈了自己的所见所感。牛余钗老师从独特的视角结合校情谈了自己的想法。刘云老师边唱边表演边汇报，把大家带到了一个非常美妙的音乐世界里；她结合学校的实际，给大家免费做了合唱指导。王翠珍老师的《小学校　大课程　精管理》也带给我们许多的启发。上海市北京东路小学是一所小巧精致的学校，其管理理念、文化氛围充分展示了以人为本的思想，其班牌设计生动形象，教研活动扎实有效。王维青老师通过两周的培训，回校后，发挥自己的聪明才智，利用废旧的轮胎制作出可爱的天鹅，为我们美丽的校园增添了一抹靓丽的色彩。

我从上海师范大学附属卢湾实验小学的校园文化、教学研讨、课程实施三个维度进行了汇报，并且谈了自己下一步的思路，总结为校园文化的“灵动”、学校课程的“完整”、教研活动的“扎实”以及学习之后的“思与行”。

采菊东篱，共同学习。只要你是学习的有心人，学习资源就如滔滔江水滚滚而来，荡涤你的心扉；如缕缕阳光普照而来，温暖你的心房；如潺潺小溪汩汩而来，润泽你的心灵。

当你带着平和的心态、顽强的毅力、感动的情怀学习、工作、生活的时候，你会发现收获是无处不在的，你的思考是深刻的，你的行动是迅速的，你的智慧是无穷的，你的生活是幸福的……

经验分享，幸福成长

——幸福教师“至乐苑”讲坛有感

2017 年 7 月 4 日，文苑小学幸福教师“至乐苑”讲坛又开讲啦！本次讲坛倡导人人都讲，全员参与。教师们在温馨的氛围中展示了自我风采，碰撞出无尽的火花，提升了教师的素养。

本次讲坛要求每一名老师根据工作实际自行确定发言主题，充分展示个人的工作素养和管理特色。有的老师讲述了学校开设“幸福课程”的体会，有的老师畅谈了自己的班级管理心得，有的老师谈到了教学方法、学生心理健康教育、班级多元评价、家校合作的创新，等等。在学校搭建的展示与交流的平台上，与会教师畅所欲言，体现出“真、善、美”的特点。“真”是指教师准备认真，表现真实；“善”是指教师的心是阳光的、善良的；“美”是指教师的形象是美好的。

两年来，文苑小学秉承“让教育创造幸福人生”的办学理念，积极探索，科学施教。教师教科研“三部曲”，分别是“问道轩”幸福教育 QQ 论坛、“养心阁”幸福教师读书交流会、“至乐苑”幸福教师讲坛，深受教师欢迎。“问道轩”幸福教育 QQ 论坛一般于每个月末举办，老师们在“文苑之家”QQ 群上进行头脑风暴式的教育话题交流，话题来源于教师教学中的困惑、对班级管理的探索等。教师们交流热烈，成效显著。“养心阁”幸福教师读书交流会每学期至少组织一次，教师们通过共读和自读经典，畅谈自己的感悟。“至乐苑”幸福教师讲坛是学校根据整体工作需要或者教师自愿申请，不定期开展，就学校管理和教师专业成长进行深度交流。教师们在经验分享中体验着成长的快乐。

我是幸福的朗读者

——文苑小学诵读美文展示活动

2018 年 5 月 15 日下午 4:00,在二楼会议室里,不时传出一阵阵笑声和一阵阵掌声,原来是文苑小学的班子成员在进行美文诵读展示呢!

大队辅导员李可欣老师和教导处副主任张琳琳老师是我们班子队伍中的两个“小活宝”。只见李老师迫不及待地说:“校长,我先来。”李老师声情并茂地朗诵完《我们要笑着面对生活》,最后还做出俏皮的样子,引得大家哈哈大笑。琳琳主任朗读的美文《不放弃努力》也把大家深深地吸引住了,2017 年她还在全区的演讲比赛中获得过一等奖呢。刘军副书记的一篇《阅读很重要》给我们留下了深刻的印象,他一口标准的普通话、富有磁性的音色让人越听越舒服。孙立华副校长铿锵有力地朗诵了一篇《团队的力量》,给大家带来了许多的启发和震撼。李华娟主任的《微笑向暖,年华未央》也把我们带入了美美的意境中,带给我们一种暖暖的感动。工会主席陈克薪朗读了一段《做真实的人》,朴实的语言、流露的真情带给我们一种踏实感。总务副主任魏竹亮是我们班子队伍中的帅小伙,他选择的寓言故事《芦苇与橡树》,也带给大家另一种意境、另一种精神享受。

我朗诵了短文《关爱与智慧》,还背诵了一首《春江花月夜》,赢得了大家的热烈掌声。最后我总结道:我是朗读者,让我们在朗读中体验那种语言文字之优美,让我们在朗读中感受那种作者思想之广阔,让我们与作者的思想共鸣,让我们与文本的文字交融,真正感受到“我在文中,文中有我”的最佳境界。

朗读真好!我是一个朗读者,我愿做一个幸福的朗读者!我作为济南市历城区推动读书十大人物之一,要发挥引导作用,倡导大家都成为真正的朗读者,成为读书爱好者,享受语言文字带给我们的无穷魅力!让书香浸润我们的心灵,让朗读声回响在我们的校园上空,让幸福与经典同行,让关爱与智慧共生!

幸福教师展风采

——教师健美操训练随感

文苑小学始终秉承"让教育创造幸福人生"的办学理念。教师们在业余时间组织了幸福文苑教师社团,在这里可以打球、跳绳、做健美操。

前段时间,接到区里通知,要求各校区派代表参加教师社团。我和孙立华副校长、陈克薪主席马上商议确定方案,由吕文芳老师负责召集16人的教师团队参加教师社团,最后经大家商议决定练健美操。

说干就干,我们健美操团队马上进行了训练。一开始老师们对健美操不熟悉,王维青老师就带领大家一步步做分解动作,一步步练习。老师们热情高涨,每天下午等学生放学后就开始认真地训练,从动作不协调到动作灵活,从表情紧张到阳光自信。李华娟老师积极思考健美操的口号,解英老师精心地琢磨开场白,张琳琳也心系场地事宜。

2018年12月1日,吕老师、曹老师联系购买鞋子,下午吕老师着手服装购买,并且把照片及时发到"文苑之家"的QQ群里。李娜老师和刘云老师第二天继续挑选服装,虽然天气寒冷,但是两个人不辞辛苦,为了买到大家满意的服装,跑了好几家店。当天下午一点,我们终于选好了健美操服装,这让大家松了一口气,因为再过一天我们就要参加展演了。

下午训练时,老师们都穿上了新服装上场。济南电视台的工作人员来给孩子们录制节目,我请他们给我们这些富有青春朝气、阳光自信的老师录像。第二天老师们就参加展示了,但愿一切顺利啊……

第二天早晨,我们按时来到了参演现场。我们的节目排在第七个,当第三个开始的时候,我不由自主地紧张起来。大家顾不上欣赏台上的表演,在后台换好衣服后简单彩排了一遍。第五个、第六个了……该我们出场了!我们的才女英子老师作了一个精彩的开场白,老师们随后走上舞台,随着音乐节奏自信地舞动起来,会场上掌声不断……

教师社团的顺利参展,离不开我们这个团队的共同努力。我们"文苑之家”是一个团结奋进、和谐幸福的团队，祝愿“文苑之家”的明天更加幸福美好！

一个团结幸福的团队

——幸福教师社团活动纪实

2018 年 1 月 17 日，我们文苑小学的“舞动青春”幸福教师社团来到了山东省政法学院礼堂参加“山东省第二届百花电影节”颁奖活动。上午 10 点，孙校长、刘主任带领着老师们到达了目的地——山东省政法学院礼堂，我开完会后也及时赶到现场。老师们个个青春靓丽，充满朝气，那种溢于言表的自信与愉悦也深深地感染了我。化完妆后，老师们更显得靓丽无比。“来，我给你拍一张。”“你给我也拍一张。”人人都想留下这一难忘的瞬间，定格这一美丽的形象。我和孙校长也和大家合影，感受一下逝去的青春味道。

轮到我们上场了。我在前排认真欣赏着每一位教师和孩子们的动作神态，他们个个面带微笑，动作娴熟到位，所表现出的精气神，所展现出的青春风采，也感染了在场的观众，会场上爆发出热烈的掌声。

然而这掌声背后，也包含着老师们的辛勤付出。为了这次演出，王维青老师带着老师们辛苦训练了一周；王老师和小魏主任为了磁带的问题，晚上工作到很晚；李娜和刘云老师为了服装的事利用周末时间转遍各个租赁服装店，及时给孙校长发照片，终于为大家选出一身展现靓丽青春的服装，舞台效果很好；吕文芳老师和娜娜负责化妆的事情；每次孙校长都不缺席，随时和可欣召集大家训练；刘军主任负责联系车辆和拍照；小魏主任负责录像；可欣负责联系电视台的工作人员……在大家的团结合作下，我们的活动开展得非常顺利。

谢谢参与的老师和孩子们！谢谢辛勤付出的班子成员！

感人的故事，激动的场面

——中秋佳节诵经典

中国是一个历史文化悠久的国家，有不少古典文化都是闪亮的瑰宝，如《三字经》《百家姓》《论语》《中庸》等。优秀的传统文化凝聚着中华民族自强不息的精神追求和历久弥新的精神财富，是发展社会主义先进文化的深厚基础，是建设中华民族共有精神家园的重要支撑。早些年，美国就有人在研究我国的《孙子兵法》。作为中国人，我们更应该学习自己国家的优秀传统文化。

今天下午，我们学校举办了“普通话推广周”活动，内容包括低年级的讲故事比赛、中年级的经典诵读展示、高年级的传承美德演讲比赛，整体效果还不错。

低年级的孩子们故事讲得绘声绘色，各个班级运用了多种表演方式，有小快板诵读、小品剧展演，十八般武艺齐上阵。二年级三班的孩子们表演的经典故事《黄香温席》很让人感动，其间孩子们还穿插诵读《弟子规》。他们穿上汉服，摇头晃脑地背诵，效果很好。看得出老师们的设计很用心，排练时也下了很大功夫。

四年级三班的孩子们穿上了漂亮的古典服装，开始了他们的经典诵读展示，女孩子很漂亮，男孩子很大气。王子腾的妈妈为了配合老师的节目，下了很大功夫，一次次参与指导，一次次加强排练。三年级一班为《春江花月夜》准备了精美的课件，孩子们诵读得很有韵味。三年级二班的经典诵读分两部分，一部分学生穿着排练服站在前台进行展示，另一部分学生穿着校服和他们进行合诵，孩子们都很认真。

学习传统文化，不但能让孩子们了解中华五千年源远流长的文化，还能让孩子们增强爱国情感，树立远大志向，规范行为习惯，提高基本素质。

传统文化是一条河，它流淌过古人的心怀，滋养着你我的心田，为我们留下一片葱绿的情感、仁爱的思想和无尽的智慧。

儿童是一个国家的未来，让孩子们从小诵读经典美文，学习中国的经典文化，能润泽他们的心灵，丰盈他们的人生，让孩子们萌生无尽的智慧！

让孩子们在诵读中提升自我

“讲文明，树新风……”铿锵响亮的诵读声从教室里传来。有的诵读的是《讲文明，树新风》，有的诵读的是《歌颂文苑美好生活》，有的诵读的是朱自清的《春》，有的诵读的是《中华美少年》……不同的主题，不同的风格，但是都体现了老师们的良苦用心和孩子们的努力付出。

诵读有很多好处：一是有利于开发孩子的右脑。诵读是把文字变成了声音，并且伴之以节奏、韵律、形象、情感，把人带入了一种美的艺术氛围，这就有利于很好地开发和训练右脑。二是有利于改变孩子的性格。内向的孩子大多是不会、不想和不善于使用语言。当一个人能够在肌肉放松的状态下铿锵有力、抑扬顿挫、情感饱满地诵读时，也就是把自己的勇气、力量、感情、理解表达出来之时，他就向外向的性格迈了一大步。三是有利于提高孩子的写作能力。大声读他人作品是一个学习的过程，名篇佳作的音韵美、节奏美、气势美，只有在诵读中才能真正感受到；文章的起、承、转、合，也只有在诵读中才能深刻地体会到。

诵读可形成良好的语感，背诵又是内化语文材料最有效的方法，它可以把诵读形成的语感积淀下来。诵读的结果是让同学们“出口成章”，在诵读过程中积累的大量词汇、丰富多彩的语言表达形式，对于孩子们的写作具有借鉴作用。让孩子们在诵读中培养能力，提升自我！

留一方晴空，让灵魂走向高贵

周末，无意间在微信里看到一篇文章，标题是《愿天下所有教师、家长们都能听到这篇精彩绝伦的演讲》，我迫不及待地打开，原来是熊浩的《为时代发声》，内容很震撼，演讲风格大气幽默。随后我又从网上看了他的演讲《家国天下》《真心英雄》《年轻人的担当》等，这一切一次次震撼着我的心灵，带给我无尽的力量。

当前，在这个信息化高速运转的时代，很多年轻人变得浮躁，赶超的是时尚，追逐的是名利与金钱，消耗的是自己美好的青春时光。手机成了他们形影不离的朋友，微信成了他们的“知己”，甚至是“情侣”。

在这种背景下，很多年轻人疏于直面自己的内心，不是去捧读名著、拜读经典，而是往往花大量的时间去浏览微信“朋友圈”，乐于“品尝”一些短平快的快餐文化。当然，任何事都不是绝对的，要辩证地去看问题。我给青年朋友们的忠告是：不能让快餐文化占据了你全部的心灵，应该多给自己留一些与圣贤对话的时间，多给自己留一些与专家交流的机会。俗话说：“取法乎上，得乎其中。”歌德曾经说过：“读一本好书，就如同与一位高尚的人谈话。”2005 年度十大推动读书人物之一的陶继新说过：“宁肯花 1 小时拜读名著，也不花 10 分钟消遣一些平凡文字。”

亲爱的朋友们，让我们静气凝神，保持定力，始终给自己留一方与先哲对话交流的天地，让自己的内心丰盈起来，让自己的精神世界富足起来，让自己的灵魂高贵起来！

浸润书香，幸福共成长

——文苑小学幸福家庭微信读书线下交流有感

2018 年 3 月 17 日下午 4:00，在学校的二楼会议室，我们开展了“文苑幸福家庭微信群”线下读书交流会活动。家长朋友们纷纷畅谈自己的读书感受，妙语连连，感情真挚，真是仁者见仁、智者见智啊。

大家都坦诚地谈到了自己在教育孩子方面的经验与不足以及读书后的改变。有的兴奋地说起了孩子对自己的看法：“妈妈，您读了这本书以后，对我温柔了许多，妈妈，我也更加爱您了。”还有的家长谈到了管理孩子的困惑，其他的家长则答疑解惑，帮着解决问题。大家相互交流，真诚沟通，我感受到了文苑小学家长间浓浓的信任与真诚。不知不觉，已经到晚上 7:00 了，家长朋友们依旧兴致勃勃，畅谈不已。

随后我对家长的微信读书作了总结。在此总结几条，彼此共勉：(1)好书不厌百回读，熟读深思行自知；(2)改变自己才能改变孩子，换位思考，教育别有洞天；(3)正确处理温柔关心与严格管理的关系；(4)做父母的在教育孩子时，要做教练，不要当保姆；(5)激励孩子不断进步，让进步成为一种习惯；(6)多元评价，奖惩分明；(7)让孩子遵守规则，有时间观念；(8)把孩子的责任还给孩子。

家长微信读书，是一个新的开始。为了孩子们的幸福成长，我们将携手浸润书香，幸福共成长！

捕捉幸福时光，我们快乐成长

新学期伊始，文苑小学加大了对学生行为习惯的管理力度，不断提高教师课堂教学水平，开展了“捕捉幸福时光，让我们快乐成长”系列活动。全体班子成员团结一心，认真对待，做到人人善于发现别人身上的亮点，传递正能量。一旦发现亮点，我们都及时拍下来，发到“文苑之家”QQ群里，让大家相互学习，相互促进。

午读时间大家都在干什么？有的班级的“小老师”正带领同学们读英语、读经典；大多数班级能够做到组织有序。代班老师李妤盯在六年级一班；李洪雷老师盯在三年级三班；一年级四班的学生在陈馨蕾老师的精心管理下做到了入校则静，入室则学。希望大家相互学习，培养学生良好的学习习惯；个别班级对照反思，取长补短。相信有付出就有收获，有付出就有改变。

文苑是一个家，一个温馨的家，一句“我爱你”温暖彼此，一个拥抱融化你我；所有的文苑人都要学会相互欣赏、宽容、尊重、合作，共同营造一个幸福温暖的家，一个积极向上的家！

让“红领巾”在胸前飘扬

2018年3月30日这一天，历城区少先队辅导员培训活动在文苑小学举行。上午我们聆听了原山东省团工委专家张振萍书记的报告《给足每个孩子“队课”的幸福感》。张书记向我们阐述了少先队的成长、发展情况以及国家的基本方针，随后她还结合自己搜集到的真实案例，围绕“如何上好队会课”，作了以下几方面的阐释。

1.思想上高度重视。班队课是对学生进行思想品德教育，培养学生全面发展的主阵地、主渠道。主题队会课有利于班集体的建设，有利于锻炼学生的自学能力，有利于师生思想情感的统一和谐，能增强教育的针对性和实效性。班主任要认真上好班队课。

2.行动上精心布置。一接到上级的文件，大队辅导员第一时间就是通读文件，认真领会，紧密围绕主题，布置工作，扎实开展活动。

班队课不是班主任一个人的事，还要充分发挥学生的主观能动作用，让他们积极参与到班队课中来，真正成为课堂的主人，增强班队课的效果。

每年的 3 月 5 日是学雷锋活动日，大队部要提早布置，组织学生看关于雷锋的书，讲雷锋的故事，积累雷锋的名言等，形式多样，内容丰富。

学生课前的准备也很重要，有助于他们课堂上的展示，而课后的延伸还能进一步深化队会的内容。有的辅导员在上完“争当文明幸福好少年”队会后，引导学生走入社会，调查社会中的文明与不文明现象，记录下来。

3.形式上活泼多样。以前上班队课，就靠一支粉笔、一块黑板，加上老师絮絮叨叨的一张嘴；内容浅显，形式单一，枯燥乏味。班主任不想上，学生不爱听。我们应该创新模式，如采用故事会、演讲会、辩论会的形式。表现形式多种多样，可以是漫谈式、表演式、辩论式、竞赛式等。学生最喜欢的还是游戏式的班队活动。在游戏活动中，可以师生共玩、师生共乐，在玩中增智，在玩中受益，在玩中明理，有时还可以打破教室界限，带领学生走向室外更广阔的天地。因此游戏式班队活动值得提倡，尤其是低中年级。高年级要以学生主持、学生自编、自导为主。

班队课如何上好，如何给予孩子们幸福感，是摆在各位老师面前的一项课题。我们应在创新活动形式的基础上，努力丰富活动的内容，让少先队员们成为活动课程的小主人，他们就会感受到参与的快乐，体验到成长的幸福。

相互携手，共同创造孩子们幸福的未来

沟通，是人与人之间最基本的相处方式之一，而亲子沟通，对于父母、孩子而言都是生命中极为重要的一部分。父母不可忽视与孩子的交流。父母与孩子沟通好的，孩子一般懂事早，并且性格爽朗，更能树立正确的人生目标。

如何提高父母与孩子沟通的技巧？读书是一个有利的渠道。目前，“文苑幸福家长读书群”里的家长朋友在同读《如何说孩子才会听，怎么听孩子才肯说》一文，倡议家长每天在微信群里打卡，读后要和孩子面对面地沟通练习，真正做到学以致用，发挥读书的有效性。

2018 年 4 月 7 日下午 4:00，我校参与亲子诵读活动的家长朋友们相聚在学校的二楼会议室，会议由孙立华副校长主持。孙校长讲了本年度读书节展示活动的要求以及大家合作项目的分工、训练要点。三年级二班李洪基同学的妈妈付出了很多，在她积极的带动和精心的组织下，我们的“文苑幸福家长读书群”从最初的近百人发展到 244 人；她向我们讲述了家长在读书打卡过程中各组的交流情况以及遇到的问题，我们一起研讨如何解决这些问题，交流热烈，氛围和谐。

“文苑幸福家长读书群”的建立，带动了更多的家长参与到读书行列中来，更重要的是，很多家长通过阅读，并与孩子共同练习，改变了家庭教育的观念，改善了与孩子之间的关系，体现了我们学校的行动指南——“幸福与经典同行，关爱与智慧共生”。孩子们开心了，学习愉快了，学习效率自然也就提高了。

家校应携手，共同努力，这样我们的孩子才能在小学生活中过得快乐，过得幸福！

幸福与经典同行

幸福是一种快乐满足的心态，为了让师生体验到工作学习的快乐，文苑小学十几年来，一直秉承“让教育创造幸福人生”的办学理念，坚守“幸福与经典同行”的行动指南，开展“师生阅读名著”“温润经典”等活动，让大家在优秀文化的熏陶中幸福成长。

学校开展了“生命因读书而精彩”“走进经典，润泽心灵”幸福诗歌展示等系列经典诵读活动，让孩子们在经典诵读中体验成长的快乐。除此之外，我们也提倡家长读书。家长是孩子的启蒙老师，家长的素质发展，对孩子有巨大的影响。为此，我们多次开展亲子诵读活动，每年评选一批幸福书香家庭、幸福书香少年、幸福书香班级，以此调动大家读书的积极性。

2017 年 2 月，学校与家长共同建立了“文苑幸福家庭读书群”，群成员从起初的几十人到一百多人，再到今天的 252 人，我们读书队伍在不断壮大。在群里我们不断交流，相互鼓励！有时几近午夜了，组长还在提醒家长读书。

我们同读着美国阿黛尔和伊莱恩编写的《怎么说孩子才会听，怎么听孩子才肯说》这本书。边阅读，边实践，许多家长改变了他们的教育观念，也从书中感受到和孩子共同成长的快乐。

记得有多少次交流，我们意犹未尽；有多少个夜晚，我们认真阅读，积极打卡；小组会上我们开心地交流育子经验，畅谈读书的所感所得。

2017 年 4 月 20 日，在世界读书日前夕，学校开展了“幸福书香家庭亲子诵读展示活动”，诵读内容精彩纷呈，有《爱，就像风一样》《妈妈，我要飞翔》《如果我有一双翅膀》《下定决心》《你是人间的四月天》《猜猜我有多爱你》《漂亮的九如山》《开学词》《读书的快乐》《让我们一起成长》《少年中国说》等。一篇篇经典美诗文经由家长和孩子情感酝酿，配上精美的图片，悦耳的音乐，成就了如诗如画如歌的诵读，展现出一幅幅精美的画面。

经典润心，经典怡情。阅读经典的价值，在于我们能够从中碰触到最高贵的灵魂，感受最高超的智慧，学习最优秀的思想，得到最深刻的启迪。孔子说

“温故而知新”，这也是告诉我们，阅读经典不仅可以丰富我们的精神世界，也能帮助我们提升获取新知的能力。“花香何及书香远，美味怎比诗味长?”朱自清在《经典常谈》中曾精辟地指出：“在中等以上的教育里，经典训练应该是一个必要的项目。经典训练的价值不在实用而在文化。”

师生、家长在沐浴经典的过程中，体验到的快乐是真正的快乐，是高层次的幸福。让幸福与经典同行，让关爱与智慧共生。愿文苑小学的幸福读书之路走得更加坚实、更加深远……

回音壁

——亲子诵读观后感

不管水平有多高，不管文字有多美，只要有真情实感就好，只要读书练笔就好。在亲子诵读展示活动中，家长和孩子的表现都很棒！你们都是好样的！让我们一起携手走在读书的路上，做一名幸福的读书人、快乐的朗读者，与好书相伴，与经典同行，享受读书的乐趣，感悟经典的魅力。

亲爱的家长朋友们，让我们在学校行动指南的引领下，静气凝神，保持定力。给自己一个手捧诗书、和孩子共读的机会，也给自己留一方与先哲对话的时空，让自己的内心丰盈起来，让自己的精神世界富足起来，让我们的灵魂高贵起来！

只管耕耘，不管收获，只要读书，就有领悟。俗话说：“山不在高，有仙则名。水不在深，有龙则灵。”文不在美，有情就好，读不在少，坚持就好。只要坚持去做，不断前行，这样日积月累，集腋成裘，积沙成塔，就会呈现“稻菽千重浪”的美好画卷。让我们积极行动起来，把握当下，成长自我，引领孩子，带动他人，共同体会读书带给我们的乐趣吧！加油，亲爱的家长朋友！

文明校园幸福苑

重规划，强合力，发挥模范重参与；
学精神，重实际，学以致用重引领；
讲民主，重敬业，团结一致重和谐；
凝聚力，共谋事，干事创业都积极。

搞活动，重培养，孩子成长心欢畅；
幸福课，五彩堂，积极参与喜洋洋；
运动会，七项能，班级诵读乐融融；
合唱节，主题会，板报展示群荟萃。

评优课，三笔字，课例研讨重效率；
问道轩，至乐苑，读书交流重发展；
搞演讲，学标准，能力提升重基本；
讲团结，重合作，幸福成长重师德。

美长廊，重经典，教育理念入心间；
校园内，有校训，师生精神重三问；
多彩橱，作品展，丰富多彩创新显；
色彩雅，氛围佳，处处盛开幸福花。

进校园，遵守则，文明好学开心颜；
上放学，过马路，遵守秩序切莫误；
讲三爱，重三节，文明规范不可缺；
价值观，三层面，文明创城齐贡献！

丰富营养促我们成长

一日下班较晚，女儿想吃火锅，于是我们一家三口就来到了楼下一家火锅店，满足辛苦工作的女儿。老公和女儿聊得津津有味，我看着咕咕翻滚的火锅，想到：在日常生活中，我们每个人的成长不就是在不断地往自己的火锅里添加肉、鱼、蔬菜以及多种作料，还要时不时往锅下添些柴，让自己内心成长的激情不断燃烧吗？

回家查看一下“百度”，了解到火锅的由来：

火锅是中国的传统饮食方式，来自民间，历史悠久。今日火锅的容器、制法和调味等，虽然已经历了上千年的演变，但有一点未变，就是用火烧锅，以水（汤）导热，煮（涮）食物。这种烹调方法早在商周时期已经出现，可以说它是火锅的雏形。《韩诗外传》中记载，古代祭祀或庆典，要“击钟列鼎”而食，即众人围在鼎的周边，将牛羊肉等食物放入鼎中煮熟分食，这就是火锅的萌芽。历经秦、汉、唐代的演变，直到宋代才真正有了火锅的记载。宋人林洪在其《山家清供》中提到吃火锅之事，即其所称的“拨霞供”，谈到他游武夷山，访师道，在雪地里得一兔子，无厨师烹制。“师云，山间只用薄批，酒、酱、椒料沃之。以风炉安桌上，用水半铫（半吊子），候汤响一杯后（等汤开后），各分以箸，令自夹入汤摆（涮）熟，啖（吃）之，乃随意各以汁供（各人）随意沾食。”从吃法上看，它类似现在的“涮兔肉火锅”。直到明清，火锅才真正兴盛起来。清乾隆四十八年正月初十，乾隆皇帝办了530桌宫廷火锅，其盛况可谓当时中国火锅之最。清嘉庆皇帝登基时，曾摆“千叟宴”，所用火锅达到1550个，其规模堪称登峰造极，令人惊叹。

我们的人生就像一个吃火锅的过程，只有经历不断地加鱼肉、加蔬菜、加作料、加水、加柴的过程，才能吃到营养丰富、味道鲜美的火锅，才能使自己尽快成长起来！

令人感动的文苑人

开学几天来，我看到了文苑人的辛勤付出，也感受到了文苑人之间的和谐互助，我为我们团结奋进的文苑人而自豪！有几个场景与大家分享：

一、课堂生动愉悦

开学第二天，正想看看小朋友们上课状态如何，一年级二班小学生们热情高涨的学习状态就吸引了我。桂娟老师制作了生动有趣的课件，使用简练的语言讲授，采取多种方式鼓励孩子们，孩子们学得非常开心；俊燕老师生动形象地介绍了每个同学的名字，孩子们无比高兴；张迪老师清溪般温柔的语言，也滋润着孩子们的心田。

二、管理有序有效

早读时，孩子们认真读书，教室里整洁有序；放学时，班级口号喊得洪亮有力，队伍出入整齐，不难看出班主任管理的用心。二年级整体井然有序，一如从前；一年级的三位班主任也早早来到学校，及时进行管理，张迪老师还编写了文明小儿歌让孩子们吟诵。

三、老师们相互关心

2018年8月31日，张迪老师走时已经快凌晨1点了。9月1日，李成峰老师早早来到学校协助执勤。每位老师都在课堂上认真执教，关心着每个孩子。

9月4日放学后，年龄较大的赵老师走出校门时不慎摔倒，王怀美帮忙搀扶回来，李可欣立即为赵老师处理伤口，正要下班回家的段学东、张亚东也马上忙着联系车，王翠珍、王文黎、刘清文、陈克薪、魏竹亮抓紧过来帮忙。在关键时刻，曹义玲马上给赵老师家人打电话，把赵老师送回家。我非常感动，感动于我们文苑一家人的相互关心。谢谢亲爱的兄弟姐妹！

文苑之家是我们温馨幸福的家园，让我们一起维护它的圣洁与美丽！相互传递正能量、正思维，让我们乐知尚行，与经典为伴，始终保持人格的正气、大气与雅气，一起为文苑小学的美好明天而努力！

在表达中体验幸福

暑假期间我读了《演讲口才》这本书，其中《提高口语表达能力》一文中“如何使领导的发言有魅力”的章节对我启发较大，与大家分享：如何使我们的发言有魅力呢？这需要提高口头表达能力。口头表达能力主要包括在各种会议上的演讲能力，对不同对象的说服能力以及在面对复杂情况时的答辩能力。这三种能力恰恰是我们所缺乏的。不仅是领导干部，就是我们普通职员在发展中，也应具备一定的口头表达能力，现在的应聘、面试、致辞、重要讲话等，都需要有较强的口语表达能力。具备出色的口头表达能力，有助于完善和提高你的组织指挥能力，疏通协调能力，做好思想工作。那么我们在发言前应注意什么？

第一，你发言的目的是什么？是通知、说服、决策、让听众思考还是行动？第二，你的听众是谁？第三，将发言的内容列好提纲，牢记发言后希望大家知道的中心议题。第四，切记发言不要念稿子，发言前做好演练准备。第五，预设好生成的问题，这样你可以应对自如。第六，向听众讲述发言的目的与作用，然后告知你要讲什么。第七，发言时可用一些幽默的语言。第八，发言速度不宜太快，每分钟不超过125个字，因为人的思考和理解速度的上限是每分钟500～600字，发言太快会影响效果。第九，发言时要面对听众，不要看天花板。第十，发言结束后总结一下所讲内容。这样你的发言既优美动听，又言之有物，切中要害，更容易让听众接受。

我们教师更要注意这些方面，表达要清楚明白，流利自然，抑扬顿挫，让孩子们感受到教师语言的美感，孩子们也会乐于学习。记得巴班斯基说过：“教师的语言在很大程度上影响着孩子们的学习效率。”

准确性的教学语言会赋予教学以极强的生命力。缺乏科学性的语言，不论用词如何考究，语句怎样华美，都会显得苍白无力。语言不清源于思维缺少逻辑性。车尔尼雪夫斯基曾说：“思绪不清则语言不明，表达上的不确切和含糊只能说明思想混乱。”

幽默、风趣的语言是课堂教学的润滑剂。富有幽默感和经验丰富的教师，容易实现对课堂教学的有效控制，更善于缓和课堂中的紧张局面，也更能以一种积极、乐观的态度来处理矛盾，从而营造一种良好的教学氛围。还有很重要的一点是，教师在课堂上要充满自信，以自信的魅力强化语言的魅力。教师在课堂上的一言一句，必须明确而且言之有物，以高度的自信心驾驭课堂。特别是面对学生在课堂上提出的问题，教师要言简意赅地切中要点，给学生顿悟的感觉。

在所有的艺术当中，唯有教育人是艺术中的艺术，它虽不像其他艺术那样扣人心弦，动人魂魄，但它却春风化雨，润物无声；它虽不像其他艺术那样奇妙无穷，韵味悠长，但它却桃李不言，下自成蹊。这就是教育的无穷法力，这就是教师的神奇功效。是的，这是教育教学艺术，更是教师的语言表达艺术。

岁月如歌

时光如水，岁月如歌，一晃我的人生已经走过了52个春秋，回首往事，百感交集，感慨万千。看着镜中的面庞有了许多岁月的印迹，感叹时光飞逝！理顺走过的岁月，感觉浪费了许多时光。想一想，一分钟我们能干很多的事。如果我们规划好自己的人生，做到珍惜时光，让每一天过得有意义，有价值，那生活是多么美好啊！

历史上有很多珍惜时间的名人志士。我国伟大的思想家和文学家鲁迅先生非常珍惜时间。他有一句至理名言：“时间就是生命，无端地空耗别人的时间，其实无异于谋财害命。”鲁迅确实惜时如命，他把别人喝咖啡、聊天的时间都用在工作和学习上。

科学家爱迪生常对助手说：“人生太短暂了，要多想办法，用极少的时间办更多的事情。”一天，爱迪生在实验室里工作，他递给助手一个没安灯口的空玻璃灯泡，说：“你量量灯泡的容量。”随即又低头工作了。

过了好半天，爱迪生问：“容量多少？”他没听见回答，转头看见助手拿着软尺在测量灯泡的周长、斜度，又拿了测得的数字伏在桌上计算。他说："时间，时间，怎么费那么多的时间呢？"爱迪生走过来，拿起那个空灯泡，向里面倒满了水，交给助手，说："里面的水倒在量杯里，马上告诉我它的容量。"助手立刻读出了数字。爱迪生说："这是多么容易的测量方法啊，它又准确，又节省时间，你怎么想不到呢？还去算，那岂不是白白地浪费时间吗？"

历数古今中外一切有大建树者，无一不惜时如金。古书《淮南子》有云："圣人不贵尺之璧，而重寸之阴。"汉乐府《长歌行》有这样的诗句："百川东到海，何时复西归？少壮不努力，老大徒伤悲。"晋朝陶渊明也有惜时诗："盛年不重来，一日难再晨，及时当勉励，岁月不待人。"

法国作家巴尔扎克把时间比作资本，德国诗人歌德把时间看成自己的财产。法拉第中年以后，为了节省时间，把整个身心都用在科学创造上，严格控制自己，拒绝参加一切与科学无关的活动，甚至辞去皇家学院主席的职务。居里夫人为了不使来访者拖延拜访的时间，会客室里从来不放座椅。76岁的爱因斯坦病倒了，有位老朋友问他想要什么东西。他说："我只希望还有若干小时的时间，让我把一些稿子整理好。"

当代一些青少年很羡慕美国人、日本人富裕的生活，然而，你知道他们是多么珍惜时间吗？早在200多年前美国还没独立的时候，美国启蒙运动的开创者、科学家、实业家和独立运动的领导人之一富兰克林就在他编撰的《致富之路》一书中收录了两句在美国流传甚广、掷地有声的格言："时间就是生命""时间就是金钱"。20世纪90年代初，中国辽宁青年参观团在日本出席一个会议，出国前团长准备了厚厚一叠发言稿，可是会上日方官员递来的议程表上却写着："中方发言时间：10点17分20秒至18分20秒。"发言时间仅为1分钟！这在那些"一杯茶水、一支烟、一张报纸看半天"的人看来，简直不可思议，但在日本却是极为平常的。日本从工人到学者，时间观念都非常强。他们考核岗位工人称不称职的基本标准就是在保证质量的前提下单位时间的劳动量，时间一般精确到秒。

亲爱的朋友们，加油吧！尤其是年轻的朋友们，要始终坚定自己心中的目标，始终有自己的定力，向着自己的目标踏地而行！

当然，在踏地而行的同时，我们还要抬头看天，仰望那灿烂的星空，看看那飘逸的云彩、巍峨的高山。多看一些令人感动的事物，这样你的人生才会多姿多彩！

你喜欢奋斗，方法就越来越多；你喜欢放弃，借口就越来越多。你喜欢感恩，顺利就越来越多；你喜欢抱怨，烦恼就越来越多。你喜欢拼搏，成功就越来越多；你喜欢逃避，失败就越来越多。我们从不是什么圣人，也不是被上天眷顾的人，我们只是有梦想的普通人！我们相信越努力，越幸福！只要保持阳光、积极、包容的心态，幸福的正能量就每天都跟着你！

让我们规划好自己的人生，做到惜时如金，朝着目标持之以恒地不断前行，奋力拼搏。不管前面的风浪有多大，不管前面的路有多难，只要心中始终保持那种坚定的信念，那种不达目标不罢休的决心和勇气，我们就一定会成功，我们的目标也一定会达成！

收获满满的感动与幸福

2015 年 11 月 6 日是个难以忘记的日子，因为本学期的小学校长讲堂由我校承办。活动非常成功，得到了教育局吕局长、教研室谢主任、冯光国主任以及其他领导的一致好评，我们心里一块石头落了地。

说实在的，压力是很大的。因为我们从 10 月份获悉到 11 月 6 日承办，也就 3 周的时间，承办这么一个大型活动，心里多少有些忐忑。但是我们有信心，因为我们的幸福课程已经开展了 1 年多了。

接到通知后，我反复琢磨，思考校长讲堂方案。我们班子成员一起商讨，明确思路与分工。最后，我们明确以展示“周五幸福活动日”的幸福课程为抓手，通过展示学生的节目体现我们幸福课程的成果。随后我们召开班主任会、教师会、家长代表会，把这次会议的重要性讲清楚，群策群力，全力以赴。

在此过程中我们指导、调度，不断修改与完善方案。班主任老师深入地思考，积极地准备，认真修改自己的课程纲要，系统整理学生的课程感悟、教师的课程思考与优秀家长的事迹资料。我们的博文集也要赶印出来，宣传册更要与大家见面。

从最初的思路设计到中间的调度，再到与家长的交流、幸福课程的跟进，每个班子成员都尽心尽力，认真工作。华娟主任为博文的整理，课程的组织、实施、评价与交流以及班级展板的收集等花费了不少的心血。上周末她还牺牲休息时间排版，即使腰不好，也在认真地工作着。琳琳主任大到多个节目的每日训练，小到各个环节的细节管理，都亲力亲为。有时晚上她也会打电话与其他负责人沟通想法，提醒一些还应注意的地方等。她默默地、用心地做了很多很多，却从不叫苦叫累，感冒了也依然坚守岗位。可欣承担了主持人、讲解员、班里节目的每日排练以及主持词撰写的任务，还负责整理学校展板照片，也是非常辛苦。孙校长则从整体活动出发，细化方案，打印优秀家长证书，收集事迹材料，定期进行节目检查等。尤其是活动当天，她认真组织，中午简单吃了点儿饭就和琳琳盯在了化妆现场。活动进行时，她拿着手机不停地拍着照片，及时捕捉美丽的画面；她还主动邀请山东电视台的记者来参加我们的活动。陈主席负责接待，要分发 200 份材料，每份材料要分八九类，并且是分批装，也是一项很繁杂的工程。刘军书记忙得也是不亦乐乎，从楼层的缠花到墙面尘土的打扫、宣传册的整理，都由刘书记负责。活动那天，刘书记忍着腰疼，中午 12:30 就来到了学校，打扫并整理活动现场。小魏主任主要负责功能室、仪器设备等后勤保障工作，他还和华娟以及琳琳参加节目展演，虽然很辛苦，但节目效果很不错！另外，还有我们的服务人员小付、怀美、俊燕、李老师、纪老师……大家都在积极地参与，默默地付出。

我们的付出取得了丰硕的成果：

四年级一班的石韵课程独具风采，一个个彩色的小石子在孩子们的手中不断变换模样，一会儿领来了一个跳舞的小姑娘，一会儿又有一位骑着自行车的叔叔飞奔着去上班了，你瞧，在大石头上还有一对儿恋人呢……太有趣了。展品区除了布置一些多彩有趣的作品之外，还有挂件，都是一幅幅精美的石头画。四年级二班展示的是十字绣、模型、剪纸等，为了美观，孩子们还折了千纸鹤与小星星，特色鲜明，布局富有创意。

五年级一班的衍纸画课程别有创意，一幅幅“鱼儿游动”“鲜花盛开”“幸福的小鸡一家”展现在我们面前。五年级二班的十字绣也是生动有趣、活灵活现，大家看，作品有小狗三兄弟、漂亮的白雪公主、小老鼠一家、苹果姐妹、石榴开花等，栩栩如生。五年级三班的“尽扇尽美”扇艺课程也是非常美的。学生们用扇子组成一个个圆，并摆在一个白色的塑料膜上，还错落地摆放了许多造型不同的扇子，真是一幅美丽的扇面组合画。

六年级一班展示的是“创意小角落”，班里分为四个组，每组作品是不同的，有牌艺、泥艺、花艺等，易拉罐小沙发、棋牌城堡等作品有了更多的技术含量。六年级二班展示的是“布具一格”布艺课程，有戏水的小鸭子、可爱的小机器猫等，甚至还有可爱的小猪在枕头上打呼噜。

再到一、二楼去看看。一年级一班的小画家们在认真画着画儿，教室门前还展览着孩子们画的各式各样的小太阳，非常可爱。到了一年级二班，只见有两个小可爱站在教室门前，分别向我们介绍了“小兔乐园”和“春暖花开”两个场景画面。孩子们介绍得很有趣，吕局长和孩子们亲切地交流着，鼓励小朋友们继续努力……透过窗户发现一年级三班的小朋友在做彩盘描绘，你看门口还摆了不少作品呢，有彩色串珠、彩盘描绘、毛线贴画等。小小一年级的孩子竟然做出了这么多的作品，让人赞叹。除此之外，一年级三班还做了一块展板呢，能够全面展示大家的成果。

二年级一班的小朋友在合唱结束后，又继续装饰照片相框，很是精美。孩子们在相框上用橡皮泥捏做了小狗、小猫、小花、小草，让相框更美了！教室外面已经摆了许多精美的作品，有彩色的棒棒糖、威武的小狮子，还有孩子们制作的理想卡片、精美画册呢。二年级二班的孩子们在家长的带领下做着塑料瓶花，教室门前有“情豆初开”“善始善终”“画中有泥”“我绘我心”“泥中生趣”等，真是多姿多彩，文字资料也是详尽多样。二年级三班孩子们的“蜻蜓戏荷”，别有风趣。孩子们认真地画，仔细地涂颜色，一朵朵荷花争奇斗艳，各有风采。

三年级的教室门口摆放着孩子们一本本很厚实的感悟集，展示的作品也是五彩斑斓，各不相同。如三年级一班的树叶贴画，三年级二班的绒猫橡皮泥。教室里孩子们正和外籍老师学说英语呢，孩子们好开心啊。三年级三班的孩子们正做着花生皮与瓜子皮的剪贴作品，也是蛮有趣的，你看他们做了一棵大树，一艘轮船，都很有创意，教室门前还摆着许多彩豆剪贴画呢。

参加节目展演的师生和家长朋友也值得点赞。二年级一班的合唱，二年级二班的亲子诵读，有浩浩一家，有喆喆一家……刘子琪、李梦露同学的音乐合奏，李娜老师的大提琴，还有华娟、琳琳、小吴、小魏以及五年级一班、四年级三班的部分孩子表演的《唱响文苑幸福梦》等，深受领导们的喜爱。这些都跟孙校长、琳琳、刘云、李娜、华娟、小曹、清文等老师的指导分不开，跟孩子们的努力分不开。

这次活动展现了我们文苑师生、家长应有的风采，我收获了满满的感动与幸福！文苑小学体现出浓厚的“文以载道，幸福满苑”的文化气息！幸福文苑，幸福师生，幸福家长，我们一起在幸福的大道上一路欢歌，一路前行！

塑造阳光心态，享受幸福人生

2018年12月19日周六早上7:00，我坐110路公交车到山东师范大学礼堂参加会议。在车站等车时，见八九个老人正谈笑风生，从神态上能看出他们是那么健康，那么快乐，我顿生羡慕之意。上车后一询问，原来是几个朋友集合起来到济阳玩。他们的这种精神状态深深感染了我。

寻找快乐是一种能力，我们无论处在哪个年龄段，都应该抓住时机，寻找快乐，创造快乐，享受快乐，还要不忘给他人带去快乐！塑造阳光心态，享受幸福人生。

具备阳光心态可以使人深刻而不浮躁，谦和而不张扬，自信而又亲和。我们讲和谐，不仅要力求人与人和谐，人与自然和谐，还要注重人的内心和谐。人的内心和谐是和谐社会的一个高境界。吴维库博士提出的塑造阳光心态的理论，正是引导人们调整好自己的心态，培养知足、感恩、乐观开朗的心理，树立喜悦、乐观、向上的人生态度，通过个人内心和谐促进社会和谐的一把钥匙。

调整好心态才能欣赏好风光。塑造健康的心态，塑造知足、感恩、乐观开朗的阳光心态，就是要让朋友们树立积极的人生观。你内心如果是一团火，就能释放出光和热；你内心如果是一块冰，就算融化了也还是零度。要想温暖别人，你内心要有热度；要想照亮别人，请先照亮自己、照亮自己的内心。怎样照亮内心？点亮一盏心灯，塑造阳光心态。良好的心态能够很好地影响他人、家庭、团队、组织，最后影响社会。

一个人幸福与否，在本质上与财富、相貌、地位、权力没多大关系。幸福由自己的思想、心态决定，我们的心可以创造“快乐的天使”，也可以创造“阴险的魔鬼”。如果你把别人看成魔鬼，你就生活在悲哀里；如果你把别人看成天使，你就生活在愉快里。如果你能把别人变成丑陋的魔鬼，你就在制造“悲哀”；如果你能把别人变成快乐的天使，那就在制造“愉快”。怎么才能把别人变成快乐的天使呢？要学会感恩、欣赏、给予、宽容。

让我们人人都塑造阳光心态，享受幸福人生吧！

让教师在读书中体验成长的幸福

什么是幸福？古希腊哲学家苏格拉底认为求知、修德、行善是幸福，中国先哲墨子认为快乐是幸福。幸福到底是什么呢？其实幸福很简单，它就是一种快乐满足的心态。那如何让教师“读”出教育的幸福呢？下面将结合学校“幸福教育”的特色，从以下三个方面来谈：

一、校长引领，感悟幸福

“己所不欲，勿施于人。”要求教师读书，校长首先要读书。作为校长，我始终追求“让每日读书成为生活常态”，并且做到“每日五个一”，分别是：读万字文、写五百言、思一金点、诵一美篇、背一经典。即便是寒暑假期，我也制定计划，到山东省图书馆借书、看书，不放弃读书学习的大好时机。目前我已经拜读了孔子、莎士比亚、陶行知等中外名人的书籍近 600 本，背诵了《论语》《琵琶行》《毛泽东诗词》等经典篇章上百篇；写作读书笔记达 200 多万字；2008 年 3 月还出版了 22 万字的个人专著《幸福的教育守望者》。每当学校进行读书笔记展示时，老师们看到我一本本的读书笔记，都不由自主地发出赞叹：“校长真爱读书！”一位老师诧异地问我：“校长，您这么忙，怎么有时间读书？每日还坚持写读书笔记，您不觉得累吗？”我平静地回答：“只要是你喜欢做的事，就会挤时间去做，也就不觉得累，反而觉得是一种快乐、一种享受。”除了用读书的言行去影响他人，我还用“历城区十大读书人物”奖励的书卡给老师们买书，老师们读书的积极性被调动起来，也渐渐体会到了读书的乐趣，享受到了读书的幸福，我也体会到“己欲立而立人，己欲达而达人”的快慰感、幸福感。

二、拜读名著，享受幸福

教师要加强学习，取法乎上，这样才能给予学生源源不断的知识养分。所以，我们要拿出时间读名著，挤出时间诵经典，从名著经典中找到精神支撑，实现教学引领。

老师们翻开阿莫纳什维利的《学校无分数教育三部曲》，如同欣赏一篇篇课堂教学的“乐章”。许多平日里参不透的教育教学问题，总是在不经意间，被老师们找到了解决思路，老师们由此有了一种直面课堂的勇气与信念。读罢亚米契斯的《爱的教育》，老师们会从生活中找到相似的事例，被爱的精神所感动，被伟大的灵魂所震撼，从而播撒爱意、收获快乐、感受幸福。

今年老师们同读了《论语》这本书，茶余饭后大家一遍遍吟诵，一次次咀嚼，反复体会孔子伟大的教育思想和高尚的人文情怀。在《读论语，悟管理》的交流会上，年轻的班主任姚老师激动地说：“读书真好，读书人是幸福人！说实在的，一开始我对《论语》这本书并不感兴趣，感觉比较枯燥。但又一想校长既然让我们同读这本书，自然有她的道理。陶继新老师作报告时反复强调《论语》的价值，已满60岁的他已经背过《论语》全书。想到这里，我就强迫自己静下心来慢慢地读，仔细地品，我好像顿悟了很多，有些句子真是太经典了。如‘见贤思齐焉，见不贤而内自省也。’‘学而不思则罔，思而不学则殆。’‘岁寒，然后知松柏之后凋也。’我受益匪浅，教育学生也有了更多的方法。”是啊，我们读名著，不只是把自己的脚尖浸在名著这潭深水中，更要跳进去，你会发现自己的灵魂正被先哲的思想和情怀鼓舞着。

读书是“物我的回响交流”过程，当我们以快乐的心态、宽广的胸怀来读书时，你会发现收获是多元的，思考是深刻的，行动是高效的，智慧是无穷的，生活是幸福的……

三、教师活动，体验幸福

（一）读书论坛

学校开展了“我读书，我成长，我幸福”的系列读书论坛活动。在每次的读书交流会上，老师们聆听着大家真实生动的读书故事，心潮澎湃，激动不已。

（二）会前赏文

班子会及教师会前，1分钟美文诵读欣赏活动总是雷打不动。老师们轮流上阵，还有经典书法练习、老师读书笔记展示、诵读比赛等。在一系列的读书活动中，老师们真正把读书与教育教学结合起来、读书与自我成长结合起来了。

（三）网络学习

学校组织老师们借助网络观看名家讲座。比如老师们认真学习了《李镇西的民主教育》《空海法师与陶继新对话录》以及王纮琦的报告视频等，收获满满。

（四）名篇写评

班子成员每月在学校博客上为老师们提供一篇篇教育名篇，如朱永新的《阅读的力量》、李振村的《关于教师专业成长的六个追问》、周国平的《幸福是多层次可持续的快乐》等。老师们在与名家对话、赏析名篇的过程中收获自我成长的快乐。

（五）请进走出

学校也力所能及地请名家名师进校园，如邀请苗军芙教授为老师们作《提升自我，享受幸福人生》的报告，请齐鲁传统文化讲师靳升、韩雪梅为老师们作《润泽经典，体验幸福》的报告，请家庭教育专家陶雪梅为家长们作《身为父母，遇上幸福》的报告，请国家专业心理咨询师孔菲、杨凤莲为家长孩子们作《吃出健康，吃出幸福》的报告等。在与名家名师的对话交流中，老师们提高了素养，激发了工作热情。另外，学校老师还“走出去”，到潍坊幸福街小学、济南育贤小学以及齐齐哈尔等地学习，回校交流学习感受，实践验证学习效果。一系列的举措拉近了老师与名师专家的距离，促进了老师们的幸福成长。

“路漫漫其修远兮，吾将上下而求索。”在今后的工作中，我们文苑小学的师生将继续秉承“让教育创造幸福人生”的办学理念，践行“幸福与经典同行”的行动指南，力求在学习反思中快乐成长，在工作实践中幸福发展。

为学生打好人生的文化底色

涉猎一些古今中外的经典，对于少儿心灵境界的提升不无帮助。教育者一定要想方设法为少儿提供诵读经典的机会，营造良好的读书氛围。如果我们教育者没有愿望、勇气和能力给孩子们提供滋养心灵、促其文化成长的机会和载体，就如同台湾学者王财贵教授所讲的，就是在制造“文化侏儒”。古人曰：“劳于读书，逸于作文。”有人曾经问日本著名作词家佐藤八郎先生：“为什么您总能写出好诗呢?"他回答说:"因为我记得很多诗,能够背下来的有5000首左右,知道大概内容的有50000首吧。这些诗都装在我脑子里,它们在我自己写诗时给了我很大帮助,让我能够写出很多好的诗来。如果没有它们,我就写不出好诗。"这其实就是通常所说的"台上一分钟,台下十年功"。

让学生多读一些健康向上的书,多背诵一些优秀古诗文,可以丰富学生的语言词库,发展他们的思维,润泽他们的心灵,提高他们的品德修养和审美情趣。引导学生阅读经典,快乐习作,可为学生打好人生的文化底色。

一、诵读诗歌,润泽美好心灵

南怀瑾先生认为,现在的学生读书是"中学以后,小学的不要了;大学以后,中学的不要了"。美国著名的心理学家赫尔曼·艾宾浩斯通过多年的研究,得出了一条有关人们学习与记忆的关系曲线图,我们称它为"艾宾浩斯遗忘定律曲线"。这条曲线图大致如下图所示。

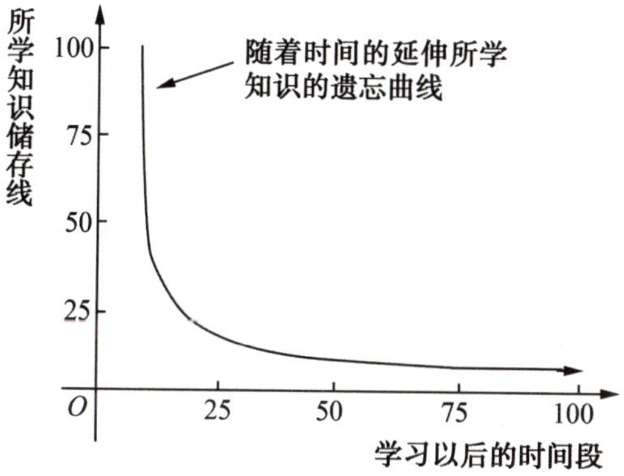

通过这条"遗忘定律曲线"不难发现,我们在学习新知识的瞬间对于所学知识的储存是100%的。但是随着时间的推移,对新知识的遗忘速度是非常快的。但是,到了一定时候,这条遗忘曲线就和时间轴开始平行。换句话说,很长的一段时间以后,我们对以前所学过的知识不再遗忘。只是,所记住的知识已经寥寥无几。

那么,有没有一种方法可以防止这种快速的遗忘呢?有!那就是:复习、复习、再复习。子曰:"温故而知新,可以为师矣。"通过我们平时的教学可以看出,及时的复习是防止迅速遗忘知识的唯一途径。但是,经过复习记住知识点并不像遗忘那么顺利。

在教学过程中，我除了要求学生背诵语文课程标准中指定的古诗词70首、毛泽东诗词20首外，还要求学生背诵许多名篇，如《春江花月夜》《爱莲说》《论语》，并在学校开展了“走进经典，润泽心灵”“幸福与经典同行”“沐浴经典，幸福成长”等诗歌诵读展示会，受到了学生家长、老师们的一致好评。在日常学习中融入诵读，可以为孩子们铺垫成长的基石，为他们搭建展示自我、快乐学习的平台。

二、快乐习作，培养综合能力

诵读经典，弘扬传统文化对一个人文学素养的提升非常重要，同时习作练习也不可缺少。为此我们采取“两步走”的方针：一是注重学生的积累；二是及时抓住有利时机，引导学生进行快乐习作，让孩子们在愉快的活动中，在真实的生活里，抒发他们的真实情感，以此激发学生的习作兴趣，提高他们的习作水平。

（一）漫画习作，给孩子们留下难忘的回忆

漫画是孩子们喜欢的一种文学载体。老师注重把漫画与习作结合起来，既培养了学生的创新想象能力，还提高了他们的语言表达、逻辑思维等能力。

一个周末，我在家看《济南时报》时，无意中看到了一组有趣的漫画，就赶紧把它们拍下来，为“漫画赏析习作”积累素材。此外我还上网搜集了一些漫画家的作品和有关如何写好漫画作文的资料，做成课件，在多功能教室给孩子们上了一节别开生面的快乐习作课。生动活泼的形式与丰富的内容训练紧密结合，孩子们的收获是多样的，感受是真切的，记忆是刻骨铭心的。漫画习作给孩子们留下了难忘的回忆。

（二）聆听名曲，为孩子插上想象的双翼

聆听名曲会净化孩子们的心灵，陶冶他们的情操。在学习《月光曲》时，老师带领学生倾听贝多芬的《命运交响曲》，引导孩子们展开想象的翅膀，写下自己的感悟，抒写自己心中的梦幻之歌。

（三）笔记名字，启迪孩子灵动的才思

“松声竹韵”“书海遨游”“沙漠找水”“丰富的晚餐”“顽皮乐园”“沧海一粟”“学海无涯”“小贝壳”等各种各样的读书笔记名字，代表着一个个精彩的故事，

显示着孩子不可估量的潜力。"松声竹韵"是一个学生在阅读明朝文学家陈继儒的《小窗幽记》这本书时发现的，原句"松声竹韵、不浓不淡"正符合她的雅兴。"沙漠找水"则代表学生对知识的渴求。也有学生用自己的博客名命名的，如"顽皮乐园""小贝壳""球球巧克力豆"；还有的会写上自己的格言，如"让读书放飞我的梦想"。我并没有止步于此，而是让学生继续写出名字的由来，与名字有关的故事等。一个小小的教学细节，演绎出许多精彩的故事，在这故事的背后，学生的综合能力也彰显出来。

（四）字词联动，进行系统的知识整合

当学习生字时，引导学生从扩写词语、句子、段落到语篇，形成字、词、句的联动，这样的习作方式较为灵活，也有利于学生充分利用生活体验和平时的词语积累。学生们兴味盎然，就会不断闪烁出创新的火花。这样既培养了他们的创新思维，整合了他们所学的知识，还提高了他们的习作能力。

（五）借助书签，培养孩子的综合素养

根据学生喜欢动手、喜欢探究问题的心理特点，在班里开展搜书签、做书签、展书签、说书签、写书签等一系列的活动。在丰富多彩的活动中，培养孩子们的综合素养。

快乐习作的方法还有很多，如"看图形，编故事""借手工，抒真情""看数字，悟道理""借活动，抒情怀""借节日，发感慨"等等，只要我们留心观察，生活中有很多孩子们喜欢的鲜活习作素材。

三、成立书社，激发习作情趣

结合学校的读书节，在班内成立"希望文学社"，学生自愿报名，竞争演说，产生了社长、副社长和打字师，定期整理学生的作品，并进行量化评价，发到班级博客中。学生们踊跃向"文学社"投稿，及时习作的积极性大大提高了。

四、汇集成册，体验成功的幸福

在平时的学习生活中，学生养成了善于积累的习惯，仅仅一学期班里就汇集了近2万字的文集，如《希望文集》《希望诗集》，还有学生的个人专集如《书生文集》《畅所欲言文集》《馨玉文集》，科幻小说连载《精灵大战》，童话系列故事《露西历险记》等，还有学生整理的《毛泽东诗集》《红楼梦诗词赏析》《四季诗集》

等。我们还进行了诗集、书签、手抄报、漫画习作等各类评比,激发了学生的写作热情。

给孩子一个平台,他们会还你一片天地;给孩子一次机会,他们会还你一个惊喜;给孩子一次成功,他们会还你一个奇迹。

在今天这样一个追求快餐文化和即食文化的时代,用短视的眼光培育青少年,让他们对经典文化闭目塞听,给他们的影响不是"书到用时方恨少"的问题,而是"书到用时方恨无"的问题。所以,虽然引导孩子读经典的阻力不小,但是凡事贵在坚持,坚持就是胜利!正如唐朝诗人杨巨源的诗句:"诗家清景在新春,绿柳才黄半未匀。若待上林花似锦,出门俱是看花人。"春天刚发的芽是稚嫩的,但新黄嫩芽慢慢会变成新绿,进而变成充满生机与活力的成熟之绿。

把诵读经典的时间还给学生,让他们的心灵在经典诵读中得到成长与滋养;把快乐习作的机会还给学生,让他们的能力在习作训练中得到整合与提升。

品读经典,快乐习作,为学生打好人生的文化底色,这是语文教学的永恒主题。

幸福教育绽放七彩人生

什么是幸福?古希腊哲学家苏格拉底认为,求知、修德、行善是幸福。中国先哲墨子认为,快乐是幸福。苏霍姆林斯基在《给教师的建议》中指出,教学大纲和教科书规定了学生应学的各种知识,但却没有规定给予学生最重要的一样东西,这就是幸福。我们的教育信念应该是:培养真正的人,让每一个从自己手里培养出来的人都能幸福地度过自己的一生。

其实幸福很简单,幸福就是一种快乐满足的心态。让老师、学生体验到学习、工作的幸福,这是我们文苑小学实施幸福教育的初衷。思考许久,研讨多次,参透很多,最终我们确定了"让教育创造幸福人生"的办学理念。我们始终心怀这样一种梦想:要让孩子愉悦幸福地与我们共同度过这段美好的生命时光。

一、创设优美环境，营造师生幸福学习的氛围

外部环境可以彰显一所学校的办学特色。一到文苑小学校门口，就可以发现对面西墙的学校愿景：让别人因我的存在而感到幸福。校内东墙写着“幸福与经典同行”，遥相呼应的是西面墙上的“关爱与智慧共生”，这是学校的行动指南。校园内大气的紫藤文化长廊，多彩的活动教室，雅致的作品展橱，门把手上的“乐知尚行”字样，消防栓上关于读书的名言，楼梯上带有幸福理念的“小脚丫”，多功能室、报告厅内张贴的幸福谏言等，无不体现着幸福育人的理念。师生在这样的环境中学习、工作是幸福的。

二、加强多元引领，培养教师幸福工作的心态

一所学校的发展，理念思想的引领是非常重要的，会为学校的发展指明方向。其中包括以下几个方面。

（一）校长办学思想引领

校长办学思想引领是学校发展的灵魂。著名教育家苏霍姆林斯基说过：“校长对学校领导首先是教育思想的领导，其次才是行政上的领导。”这说明了校长的办学理念、思想素质、业务能力对学校未来的发展有着决定性影响。

（二）专家引领

一所学校的发展，一批教师的成长，离不开专家的引领。为此，我校分别邀请了北京大学博士、山东大学教授、中国石油大学文学院教授、道真集团校长、齐鲁教育学院的教授、全国十佳班主任、家庭教育专家等来给老师们作报告，专题有《塑造阳光心态，享受幸福人生》《做一名幸福的班主任》《仁爱思想，幸福成长》等，使老师们从专家的引领中体会到阳光幸福的心态对人成长的重要性。

（三）经典引领

经典书籍是最好的精神营养品。我们组织老师们共读《向孔子学做教师》《教师的阅读建议》《静悄悄的革命》等经典书籍，并且让老师们写读后感，还进行“养心阁”读书交流，老师们在阅读经典中对教育也有了新的感悟。

三、实施幸福课程，激发孩子幸福学习的乐趣

幸福教育首先从课程入手。要想改变学生的学习状态，培养孩子的学科素

养，首先应从课程抓起，为此我们开设了多门课程。

(一)幸福入学课程

为了让一年级的孩子喜欢上学校、老师和同学，缓解他们刚入学时的生疏感、畏惧感，我们开设了幸福入学课程。包括：①举行一年级学生入学仪式，由班主任和任课老师带着他们穿过多彩的入学门，孩子们非常开心。这种场景虽然每年都有，但仍让人感动。②课堂歌谣表演，营造愉快的学习氛围。③放学古诗背诵，增强文化气息。④课间师生游戏，拉近了师生间的距离。通过以上活动的开展，孩子们感觉到了家一样的温暖。

(二)幸福诵读课程

让学生在经典诵读中涵养人文情怀，塑造美好心灵，这是教师的责任。早读、午读的时候，全校学生都在诵读经典。为此我们开设了幸福诵读课程，学校有教材、有展示、有评价。

(三)幸福艺术课程

我们幸福艺术课程的内容更是丰富多彩。为培养学生的审美情趣以及动手操作、创新思维等综合能力，我们开设了幸福艺术课程，包括纸艺、布艺、泥艺、棋艺、石韵、剪纸、十字绣、舞蹈、乐器等。孩子们在丰富多彩的课程实施过程中，体验到参与的快乐，感受到成长的幸福。

每当看到家长、老师、孩子们开心的笑容，我感到无比欣慰！从最初课程的规划、课程的实施，到实施期间的交流，再到每学期的成果展示，每一步都凝结着老师、家长朋友、社会人士的心血，他们已经融入了文苑这个幸福的大家庭中。幸福课程得到了上级领导的高度评价，省市电台相继播出有关新闻，也被刊登于《山东商报》《山东青年报》《济南时报》上。德州、济宁、泰安、枣庄、郑州以及我区兄弟单位的校领导、老师们也纷纷来校交流学习。

另外，学校还制定了多元评价标准，评比优秀家长、优秀班级、优秀教师。11 月 6 日，我校承办了历城区小学校长讲堂活动，学校的幸福课程建设与成果展示得到了区教育局领导以及各位校长的一致好评。

四、开展研讨培训，搭建教师幸福成长的平台

针对教学中存在的问题与困惑，老师们在学校幸福教育“问道轩”QQ 论坛上纷纷发表自己的观点，或争执、或辩论、或谈心，简直就是一个大家庭幸福的精神交流宴会。另外每学期的"养心阁"读书交流会,"至乐苑"幸福教师讲坛,头脑风暴式的教学研讨,幸福课堂的展示,教师粉笔字、钢笔字每周展示等,已经成为我们学校教学的几大亮点。尤其是我们的"至乐苑"教师讲坛活动,是开学初由教师自愿报名组织的活动。今年年初,我们学校就有7位名师人选,结合上海学习进行了汇报,他们精心制作了课件,把自己一周的学习感悟与大家进行了交流分享,效果很好。他们在学习的过程中,广泛搜集信息,认真撰写感悟。在教师培训方面,每周还有一次博客撰写量统计。一个个平台的搭建,促进了老师们专业能力的迅速提高。

五、加强课题研究,创设积极科研的环境氛围

苏霍姆林斯基说过:"如果你想让教师的劳动能够给教师带来乐趣,使天天上课不至于变成一种单调乏味的义务,那你就应当引导每一位教师走上从事教育科研这条幸福的道路上来。"增强教师的科研意识,让教师认识到科研是促进教师成长的有效渠道,是我校工作重点之一。我校重视微课题研究,按照教研室的要求,定期召开课题研究调度会,了解课题的实施情况,并进行了微课题论文评选。学校95%的教师都参加了微课题研究。最后,学校的"十二五"课题,国家级有1个,市级有1个,区级有5个,都已顺利结题。通过各级各类课题研究的开展,一大批教师成为骨干教师,这批骨干教师在学校各项工作中发挥着中流砥柱的作用。

六、开展有效活动,创设能力提升的幸福渠道

在孩子的童年时期,要为他们创造共同活动的环境。孩子小的时候,可以通过游戏和玩具,让他与周围的孩子交往,鼓励他们参与社区、幼儿园组织的各类活动。到了小学阶段,我们就要利用这些活动,培养孩子们交际、动手操作等综合能力,这样孩子们可以在玩中学,在玩中悟,还能激发他们的集体荣誉感和学习热情,是两全其美的事情。

(一)外出实践,谱写新篇

我们带领孩子们到素质基地开展活动,可以摄影,可以绘画,把外出实践和孩子们的综合学习紧密结合起来,收到一箭双雕的功效。

(二)引导读书,积淀文化

本学年我校继续开展《品经典之韵 享幸福人生》的校本课程,孩子们或早或

晚朗朗吟诵，提高文学素养。我们还开展了“享受语文的魅力”读好书、写好字展评等活动。孩子们在丰富多彩的活动中体验到了与经典幸福同行的快乐，我校师生“读好书，写好字”也多次荣获区一等奖的好成绩。此外，学校每学期都组织一到三年级的故事大赛、四到六年级的读书演讲活动以及全校的学生书法比赛、即兴习作大赛。其间，王丽琳、张旭、张莹等同学代表学校参赛，均获得一等奖的好成绩。孩子们在活动中提高了综合素养。

（三）开展文体活动

每年我们都举办“庆六一”活动以及班级合唱比赛。去年 12 月份，我们有 28 个孩子参加了历城春晚的节目录制，得到了会务组人员的好评。每年的春秋季趣味运动会也是其乐无穷，学生的体能得到提高，与家长的亲子之情得以促进。

我校与山东大学联合举办的“青春助力”活动——“五彩课堂”“爱心驿站”“心手相牵山大行”是我们学校工作的亮点，国家省市各级媒体进行了报道，受到社会各界的广泛关注。

在上级领导的关心支持下，在全体教职工的共同努力下，学校近年来先后获得了山东省依法治校示范校、山东省济南市普法先进单位、山东省优秀少先队集体、济南市课改先进学校、济南市语言文字工作示范校、济南市优秀家长学校、济南市女工工作先进集体、济南市艺术教育示范校、国家教育志愿者优秀项目等荣誉。

文苑小学的师生们正走在幸福教育的道路上，我们齐心协力点燃孩子们的梦想，奏响和谐幸福的新乐章，使孩子们在人生的旅途中快乐前行！

书海扬帆

读一本好书，就如同与一位高尚者倾心交谈。书海泛舟，总让人孜孜不倦，酣畅淋漓。有好奇，如临童话境界；有兴奋，如多年故人久别重逢；有默契，心有灵犀一点通。读书，是一种神游物外的切身体验，是一种豁然开朗的彻底感悟。多读书，读好书，让我们在学海书山中快乐、幸福地成长。

浸润书香，幸福成长

一个人的精神发育史，实质上就是一个人的阅读史，而一个民族的精神境界，在很大程度上取决于全民族的阅读水平。苏霍姆林斯基从备课的角度谈读书，他说：怎样做到终身备课？这就是读书，每日不间断地读书，跟书籍结下终生的友谊。潺潺小溪，每日不断注入思想的大河。读书不是为了应付明天的课，而是出自内心的需要和对知识的渴求。所以教师加强读书是非常重要的。

教师读书要"取法乎上"，"取法乎上，得乎其中"，我们只有拜读经典，才能"腹有诗书气自华"。

那么，作为一名教师，我们应该怎样读书？读什么书？

《小学教师专业标准（试行）》明确规定：教师要具备小学生发展知识、学科知识、教育教学知识、通识性知识。教师的知识结构，应如金字塔，既要有精度、高度，更要有宽度、厚度。所以我们教师应扎扎实实打好自己综合知识的底子，读些教育学、心理学、哲学、历史、美学、文学等方面的图书，如《给教师的建议》《爱弥儿》《陶行知教育文选》《周国平散文集》《蒙田随笔》《培根人生论》以及叔本华、马斯洛的哲学著作等，这些闪耀人文气息和挚爱光泽的经典之作会启迪和引领我们，指导我们的教学。当然我们还要会读书、有效读书，真正实现读书的及时性、针对性、高效性，这样读书对我们的帮助会更明显。

一、结合教学内容读书，树立大教育观

我们要树立大的学科观，本着"教一学科，心系综合"的原则读书学习，这正反映了新课改中综合性学习的一面。教《草船借箭》时，看看罗贯中的《三国演义》；教《小摄影师》时，可阅读高尔基的三部曲《童年》《在人间》《我的大学》；教《祖父的院子》时，可阅读作家萧红的《呼兰河传》等，以此丰厚自己的文学积淀，加深对文本的理解。这样在教学过程中才能做到游刃有余，纵横驰骋。

（一）读通教材，深入灵魂

读教材是教师读书的重要内容之一。读教材要读通，读懂。要多读，一般

一篇文章要读四五遍；读情感型的课文，朗读的遍数还要多，要读到“其意皆出吾心，其言皆出吾口”，力求把书读到“由薄到厚”再“由厚到薄”。“读书譬如饮食，从容咀嚼，其味必长；大嚼大咽，终不知味也。”

（二）读通课标，渗透教学

结合自己的教学，反复研读新课程标准，不断回味，时时咀嚼，以此引领我们的教学。

（三）读通法规，把握航向

通读国家新颁布的《义务教育法》《教师法》以及《国家中长期教育改革和发展规划纲要（2010～2020年）》等等，为自己的工作把握方向。

（四）多读名著，促进教学

在有限的时间里只有“取法乎上”，汲取积极、向上的文化，才能促进我们的教学，提升我们的生命价值。

老子的“道法自然，无为而治”，孔子的“仁爱”思想，孟子的“养浩然之气”，都是伟大的思想。细细品味，你会发现其中的哲理。许多平日里令人不解的教育教学问题，总是可以让你在阅读中找到一条思路，不断充实的内心也有了一种直面课堂的勇气与信念。

二、结合班级管理读书，启迪教育智慧

在班级管理中，有许多名家、名班主任的管理智慧、教育方法会带给我们许多启发。如魏书生的《班主任工作漫谈》、李镇西的《民主与教育》、万玮的《班主任兵法》、丁榕的《情感、科学、艺术班主任工作手记》、李凤遐的《教师的二十项修炼》等，都给我们很大的启发。

三、结合课题研究读书，寻求理论依据

结合课题研究读书，这样你的课题研究会更有导向，更加深入，更有实效。如针对“快乐习作实践研究”，可阅读管建刚的《魔法作文营》，李白坚的《快乐作文》、李吉林的《情境作文教学》；针对“提高课堂合作学习实效性研究”，可阅读王坦主编的《合作学习导论》《合作学习——原理与策略》，黄伟的《研究性学习中小组合作探析》等。这些理论会指引你的课题研究思路并使整个研究有所支撑。

四、结合精神所需读书，丰盈自己的力量

当你倦怠、颓废时，可读一些励志篇，如《每天进步一点点》《责任胜于能力》《人性的弱点》《成功可以复制》《活在当下》等，也可以观看俞敏洪、李燕杰、彭清一等一些名家的励志演讲，这些名作、演讲可以滋养我们的心灵，调整我们的心态，激发我们昂扬的斗志。

(一)读励志篇，激发斗志

吴章鸿《每天进步一点点》用生活中常见的琐事，告诉你183个深刻的哲理，让你在看似平淡的生活中也能不断提高自己，并在每天进步一点点的历程中，从平凡走向卓越。“千里之行，始于足下；集腋成裘，聚沙成塔。”我们只要每天多读一点，多悟一点，多写一点，多做一点，这样每天进步一点，我们离目标就更近一点，人生就会更加光鲜一点。

20世纪最伟大的心灵导师戴尔·卡耐基通过演讲和书籍唤起无数迷惘者的斗志，激励他们取得成功。他的著作成为20世纪最畅销的励志经典之一。

《成功可以复制》这本书讲述了世界各地的杰出人物的奋斗经历，告诉人们：年轻人面对的首要问题，不是抱怨自己一无所有，而是应该从思维、个性和品德等诸多方面锻造成功者应具备的基本素质，即自身的内在资本；同时，应该养成勤奋的工作习惯、诚实守信的可靠人格、明智合理的做事方式，并且不断地激发自己的心理潜能，这样才能最终走向成功。

(二)读伟人名家，启迪心志

1.鲁迅的对答启示

一青年作家很崇拜鲁迅，就问：“鲁迅先生，您的文章写得这么快，这么好，有什么秘诀吗?”鲁迅回答：“多读多写。”虽说是简单的四个字，但这是关于写作最精妙的话语。

2.冰心酷爱读书的思考

冰心从小就酷爱读书，是个读书迷；长大以后，她依然常常买书、看书。书是她的精神食粮，她可以一整天不吃饭，却不可一天不读书。她曾经说过：“成功的花，人们只惊慕它现时的明艳。然而当初它的芽儿，浸透了奋斗的泪泉，洒遍了牺牲的血雨。”正由于冰心对读书的酷爱，众多经典作品才应运而生。她在诗歌、小说、散文各个领域都有较大成就。她的散文集《寄小读者》和《再寄小读

者》更是影响了几代人，她也因此成为我国儿童文学界的泰斗。

3.周国平的散文随笔

周国平除了翻译和编写诸多哲学作品外，还写了大量的散文随笔以及童话类的作品，产生了深远影响。他常用文学的形式谈哲学，诸如生命的意义、性格与品质、自我的价值、灵魂与超越的重大作用等，虔诚地探索现代人精神生活中的诸多困惑，重视观照心路历程与磨难，寓哲理于常情中，深入浅出，平易之中多见理趣。而他的散文随笔如《论做人》《我的读书旨趣》《平常心》等，都充满了人生的智慧和哲学的美丽，笔调清新自然，意义深刻。他的作品以其文采和哲理赢得了无数读者的青睐，无论是花季少年还是耄耋老人，都能从他的文字中获得智与美的启迪、启发。

"好书不厌百回读，熟读深思子自知。"在一次次的阅读中，你总会有新发现，会从轻松阅读中感受到愉悦、悲伤、幽默等种种情绪，或令人莞尔，或令人忧伤，或让人感受生命深处的震撼，灵魂深处的激荡。

好书是灯，帮你驱散寂寞，照亮期盼；好书是茶，帮你过滤浮躁，感受宁静；好书是水，帮你滋润一时，保鲜一世；好书是糖，帮你冲淡苦涩，挂满甜蜜。

从《论语》中领悟管理之道

《论语》作为中国人的一部"圣经"，是一座教人知人性、明事理的智慧宝库。《论语》集中体现了孔子的政治主张、伦理思想、道德观念及教育原则等，当然对教育教学也有一定的指导作用。下面是结合《论语》学习的点滴思考。

一、欲立立人，带动成长

记得看过一则故事，叫作《分享生命》，讲的是：有个登山者，在山中遇到暴风雪，因而迷了路。这场暴风雪是始料未及的。他的御寒装备不足，如果不尽快找到避寒处，非被冻死不可。他走啊走啊，不敢有一丝停歇，但即便如此，他的四肢还是很快被冻得麻木了。抬着越来越沉重的双腿，登山者非常绝望。就在这时，他的脚踢到一个硬邦邦的东西。他低头仔细一看，居然是一个人。原来这不幸的人已经快被冻僵了，倒在地上，不能动弹。登山者马上停了下来，在那个垂危者身边跪下，甩掉手套，按摩他的双手双腿。没过多久，那人的血液开始流通顺畅，而登山者在助人的过程中也暖透了自己的双手乃至身心。最后，这两个人互相搀扶着，走出了风雪肆虐的大山……这个故事体现了“修己以安人”的思想。

作为教师也是如此。我们不但要注重自身素质的提高，还要引领学生成长，做到“己欲立而立人，己欲达而达人”，这是人类道德思想的最高境界。所以我们要和孩子共同学习，共同成长。

二、闻一知十，转变观念

有一次，孔子问子贡说：“你和颜回相比，谁更好一些呢？”子贡回答说：“我怎么敢和颜回相比呢？颜回听到一件事就可以推知十件事；我知道一件事，只能推知两件事。”我们要引导学生学习子贡的“闻一以知二”，更要学习颜回的“闻一以知十”。

（一）读背经典，让孩子争做博学少年

在教学过程中，教师要注意引导学生学一篇读多篇，还要引导学生背诵《三字经》《弟子规》《论语》《春江花月夜》《爱莲说》《劝学》等经典，让经典文化的博爱思想、励志意念、感恩情怀滋润孩子们的心灵。朱自清说过：“背下来的东西才能像吃到你肚子里的粮食，化为营养；没有背下来的东西，永远不会成为你的营养。”同时，学校开展系列“走进经典，润泽心灵”诗歌展示会，在活动拓展中，提高学生的能力。

（二）借助外出游玩，锻炼孩子的综合能力

我们把外出游玩与孩子们的能力培养紧密结合起来，让孩子们在玩中学，玩中练。4 月的一天，全体师生到济南植物园游玩。一至六年级的活动主题分别是“观察花草找春天”“赏景兴奋唱春天”“芳草地上诵春天”“赏景快板说春天”“借景抒情写春天”“妙笔生花画春天”。孩子们在玩中学，玩中练，在活动中提高了自己的综合能力。

（三）借助天气变化，加强孩子的思维训练

借助风、晴、雨、雪等不同的天气变化，让孩子即兴而说、搜索而读、展示而写，还借助听名曲、赏漫画、悟标点、想图形、编故事等形式对学生进行想象习作训练。只要我们做教育的有心人，及时抓住时机，借势而练，孩子们的思维能力会得到长足发展。

三、温故知新，注重连接

子曰："温故而知新，可以为师矣。"意思是："复习所学的知识，进而从中获得新的领悟，又能努力吸收新知以求融会贯通。做到这样的程度了，才可称为老师啊。"按照艾宾浩斯的遗忘规律说，学生背诵的课文、名诗名句，都要让孩子们定期再背诵，再积累。针对数学课本中的知识点，都要做成知识树、知识链等形式，引导学生形成自己的知识体系。

"泰山不拒细壤，故能成其高；江海不择细流，故能就其深。"日复一日，师生在丰富多彩的教学、实践活动中就会自然而然地提高综合能力。

智慧　善良　胆识

——《玛蒂尔达》读后感

一个瘦瘦的、秃顶、总是带着一脸狡诈的老头，无论他跑到美国、英国、荷兰、法国、澳大利亚或新西兰，当然现在也包括中国，随便敲开一家有小孩子的屋子说："啊，我走累了，我的车用光了汽油，可以请我进去喝杯茶吗？"孩子们都会立刻尖叫，欢呼雀跃地迎请他进门，因为没有孩子不认识这个老头，他就是那个让大人有点儿害怕、让孩子疯狂着迷的罗尔德·达尔。

罗尔德·达尔三度获得"爱伦·坡文学奖"，获得英国"白面包儿童图书奖"，也是英国读者票选战胜 J.K.罗琳的当代文学大师，他的作品已经以 36 种语言在世界各地出版。

罗尔德·达尔撰写的《玛蒂尔达》一书，讲述了小小的玛蒂尔达一岁半就能说会道，懂得的词汇和大人一样多；到了 3 岁，她便把图书馆里所有的图画书都看完了，还看了《简·爱》《傲慢与偏见》《躲入洞内》《吉姆》《老人与海》《好伙伴》等一些大孩子看的书。书丰富了玛蒂尔达的心灵，使她知道了如何面对生活。

不幸的是，这个聪明绝顶、极其可爱的小姑娘遇到了世界上最庸俗势利的爸爸、妈妈和最恶毒的校长。不过神奇女孩用她的智慧、善良与胆识，每一次都化险为夷，最终战胜了他们。比如，她对无礼蛮横的爸爸制造了恶作剧，在他的帽子上涂了一圈万能胶，爸爸无论如何也摘不下帽子，在工作场合很是难堪，最后不得不让妈妈连帽带发一起剪掉。她还把邻居的鹦鹉带回家，一家人惊恐万分，以为是鬼……一连串故事让人啼笑皆非。尤其是在和品行恶劣、讨厌孩子的特朗奇布尔校长斗争的过程中，玛蒂尔达用她神奇的魔法，以亨尼小姐死去父亲的口吻，在课堂上用无形的手在黑板上写下了让特朗奇布尔校长触目惊心、魂飞魄散的句子："阿加莎，我是马格纳斯！阿加莎，把我的珍妮的房子还给她。把我的房子还给她，然后你离开这里……"这不仅帮助珍妮重新得回房子，还使特朗奇布尔也离开了此处。玛蒂尔达和善良的亨尼小姐结下了深厚的友谊，甚至在玛蒂尔达一家人去往西班牙时，她却愿意留下来和善良的亨尼小姐住在一起。

书中一个个妙趣横生的故事引人入胜，高潮迭起，直到悬念被一个个出乎意料的结果解开时，仍让人回味无穷。这真是一本非常好看的书。

孩子们，多读书吧，书可以让我们和一些伟大的文学家对话，从而丰富我们的生活，开阔我们的视野。有些同学不爱读文学类图书，却找一些理由，说自己看不懂这些书，小玛蒂尔达 3 岁就能读懂那么深奥的书，我们都这么大了，又有什么难的呢？"世上无难事，只怕有心人。"只要我们想读，并且认真去读，你一定受益匪浅，从书中收获更多的东西。孩子们，加油吧！

人间处处有爱

——《夏洛的网》读后感

带着一种好奇，我迫不及待地读完了美国作家 E.B.怀特的《夏洛的网》，读后我的心情是激动的、震撼的、奇妙的。蜘蛛夏洛用蜘蛛丝编织了一张爱的大网，这张网挽救了小猪威尔伯的生命，更激起你我心中无尽的爱与温情。在朱克曼家的谷仓里，生活着一群快乐的动物，它们幽默、可爱。其中，小猪威尔伯和蜘蛛夏洛建立了最真挚的友谊。可是一个不幸的消息打破了谷仓的平静：威尔伯的命运竟是成为熏肉火腿！作为一只猪，悲痛欲绝的威尔伯似乎只能接受任人宰割的命运了。然而，看似渺小的夏洛却说："我救你。"于是，夏洛用自己的丝在猪栏上织出了被人类视为奇迹的文字，彻底地逆转了威尔伯的命运，还让他赢得了集市大赛中的特别奖和一个安享天年的未来。但在这时，蜘蛛夏洛的生命却走到了尽头……

小猪威尔伯从被弗恩收养到卖给朱克曼叔叔一家，都是幸福快乐的。与夏洛结识后，他俩经历了许多风风雨雨，可就在最令人开心、激动的时候，夏洛却离开了世间。尽管如此，夏洛的后代留了下来陪伴威尔伯。看，快乐、阿拉妮和内莉就是夏洛的第二代。多么有情有义的蜘蛛啊，她为了拯救小猪威尔伯，在网上织出了文字："王牌猪，了不起，谦卑，光彩照人。"看了这些字的人们都会赞叹道："他是只王牌猪，他多么了不起，多么谦卑，还光彩照人！"很多人讨厌蜘蛛，我也如此，但看了这个故事后，却不那么讨厌蜘蛛了。是的，她渺小、瘦弱，但她有宽大的胸怀和善良的心。她为了不让威尔伯成为熏肉火腿，甚至付出了生命。集市结束了，她也走了，她去往永恒的天堂了，再也回不来了。夏洛是甘于奉献的，为了朋友，她甚至献出了自己的生命。夏洛用蜘蛛丝编织了一张智慧的大网、爱的大网，留给我们深深的感动和思考。

《夏洛的网》让我十分感动：夏洛为了朋友，竟可以牺牲自己的生命！是啊，没有什么比友情更重要的了。朋友能在你开心时分享你的快乐，能在你痛苦时分担你的忧愁……夏洛就是这样一个善解人意的朋友。在威尔伯孤独时，夏洛和他成了朋友；在威尔伯遇到困难时，又想尽一切办法来帮助他。就是在生命的最后一刻，夏洛也把快乐留给了威尔伯，只是简单地告诉他：自己去了一个很远的地方，不久后就会回来——她不忍心让威尔伯伤心难过。夏洛如此渺小，又如此伟大，她让我明白了友谊的真正意义。

《傅雷家书》读后感

"养不教，父之过。"做父母的，如果只是生养孩子，而不去教育孩子，这是我们做父母的过错啊。从古到今，有许多教子有方的名人值得我们学习。像窦燕山、曾国藩、卢勤、杨文、傅雷等都是教育孩子的成功典范。

《傅雷家书》是将我国著名文学翻译家、文艺评论家以及美术批评家傅雷写给儿子的书信编纂而成的一本集子，摘编了傅雷先生1954～1966年的186封书信，最长的一封信长达7000多字。傅雷现身说法，教导儿子待人要谦虚，做事要严谨，礼仪要得体；遇困境不气馁，获大奖不骄傲；要有国家和民族的荣辱感，要有艺术、人格的尊严，做一个"德艺兼备、人格卓越的艺术家"。同时，对儿子的生活，傅雷也进行了有益的引导，诸如日常生活中如何劳逸结合，正确理财，如何正确处理恋爱婚姻等问题，都像良师益友一样提出意见和建议。拳拳爱子之心溢于言表，字里行间充满了父亲对儿子的挚爱、期望。《傅雷家书》是一本"充满着父爱的苦心孤诣、呕心沥血的教子篇"。

全书收录的这些家书可谓篇篇精彩，字字珠玑。以下是我的一点体会。

《傅雷家书》让我了解了什么是严谨认真。相信所有读过该书的读者对这一特点都深有感触吧。我觉得，之所以有如此效果，很大程度源于书信这种表达、交流或写作方式。傅雷在信中不仅谈艺术学习，还谈生活、恋爱，谈做人、修养，甚至于儿子写错字，父亲也会"郑重其事"地指出并耐心分析、纠正。也正是这种方式而不是其他方式（如论文、译作），使我们可以清楚地感受到傅雷先生做人、做学问的细致、严谨、认真的态度和作风。正是由于傅雷先生自己的学识、思想足够渊博深刻，故而能由任何大事小事阐发出深刻但绝不艰涩的道理，给人以启发。书中处处闪耀着智慧的光芒，时时给人以开导。其中贯穿始终最重要的一点，就是"做人、修养以及学问实为一体"的思想。在我看来，这就是强调"一般修养"的重要性。

这本书对我的启发是，读书只是提高修养的途径之一，还应兼顾其他；即便读书，也不应仅限于某一学科。"一般修养"的建立和提高，要求涉猎科学、哲学、社会学、经济学、历史学等诸多领域。因为，人生绝不像大学学科分类那么规范齐整，各领域只是我们生活的世界的一个侧面。要理解我们生活的世界以及我们自己，广泛阅读是有好处的。我从教育著作《爱弥儿》《大教育论》《教师的建议》中，感受到教育大家们无尽的教育智慧；从文学读物《三国演义》《红楼梦》《哈姆雷特》《玛蒂尔达》《格兰特船长的儿女》中，领悟到文学艺术的登峰造极；从演讲类书籍《演讲的艺术》《大道有言——李燕杰的精彩演讲》中，感受到大师教育的博大情怀；从人生类读物《季羡林随想录》《林语堂文集》中，体会到大师的人生价值；从历史类读物《中华上下五千年》《东周列国志》中，领略到中国历史的源远流长。不同的题材，不同的内容，不同的感触，不同的收获，无不闪耀着伟大思想的璀璨光芒，为我们指引前进的方向。

傅雷和傅聪的家书给了我许多启示。我们很多家长忽视了同孩子的朋友关系，养娃十几年，却没有真正地享受过为人父母的乐趣。父母因为迫切地望子成龙，望女成凤，对待孩子的心态扭曲了，各种揠苗助长的措施“出笼”了。有些家长盲目模仿傅雷“棒槌底下出孝子”的做法，可他们想过没有，他们有傅雷那种身教重于言传的品质吗？光学傅雷一个“打”字，打得出一个好孩子吗？孩子尝到了辱骂、拳头的滋味，尝到了在压力和恐惧下学习的苦头，孩子的金色童年因此黯然失色。愿我们家长朋友好好学习傅雷的教子方式，做到有细心、耐心、恒心，与孩子为友，经常沟通交流，在教育孩子的过程中收获更多的快乐和幸福！

清新柔美，恬淡自然

——林清玄散文读后感

教学时读过林先生的《桃花心木》这篇文章，那时就被林先生清新淡雅的文风、深厚的文化底蕴以及对人生、对世界的感悟深深地吸引了。最近，我又特地购买了一本《林清玄散文集》，读后回味悠长，难以释怀。许多片段印在记忆中，熠熠闪光。

在安静的夜晚，我喜欢冲上一杯淡淡的香茗，独坐在发出温和光晕的台灯下，静静地欣赏，慢慢地回味，享受林清玄散文带给我的平和与智慧。他的散文里那种清新的气息、亲切的语言，像是流水的声音，像是温暖的阳光，又像是风吹过的清凉。简单平实的生活故事，蕴含着细腻的情感，几句平淡的话语，足以让人一遍遍反复回味，这就是林清玄散文的魅力。

它没有咄咄逼人的气势，而是清丽悠远，沁人心脾。这些文字里，有花的鲜美、月的皎洁、风的温柔、自然的博大，更有人性的芬芳。它如同生长在人心中的一株树，虽然孤独，但忠实地为我们守住了天上皎洁的月，让生活在纷繁世界中的我们看到，在世界的某些地方，还存有一些纯净。他的散文是唯美的，淡淡地道来，慢慢地述说，绝少雕饰，犹如“清水出芙蓉”，读后会让我们的内心充满宁静。

“我们要学习蔷薇，开放时倾宇宙之力于美丽的一瞬；凋谢时无声不失去内在的温柔。”人的生命历程应该有一些激情四射，以便能体会情感的魅力；人的生命历程应该有一些浪漫情怀，才能感知那内心最细腻的部分。“山谷的最低点正是山的起点，许多走进山谷的人之所以走不出来，正是他们停住双脚，蹲在山谷烦恼哭泣的缘故。”人生的无数低谷使我们流泪，不是说不允许哭泣，你可以蹲下来好好抱抱自己，但是，请不要放弃，山的明媚就在山的顶点，你需要做的是整理一下心情重新攀登，坚持不懈，努力追求，人生又是一片春光灿烂。“平静的树都能唤起我们的感恩之心，何况是翩翩的彩蝶、凌空的飞鸟以及那些相约而来的人呢？”我们要有责任意识，富有感恩情怀，这样我们的人生才会更加完美。

一篇篇文章，犹如一道道山泉，带着淙淙的流水声缓缓地流淌到我们心中，让我们去慢慢品味生活的甘露与艰辛。读罢林清玄的散文，犹如一次心灵的洗礼，我们在清新柔美的文字中享受到那份心底的宁静，感受到那份内心的恬淡与释怀，我们是舒适的、欣慰的。

立足于价值观看幸福

——周国平《幸福的哲学》读后感

谈幸福问题，价值观是绕不过去的，不从价值观出发，幸福问题就没法说清楚。人生在世，价值观非常重要，决定了人生的境界。有人可能会说，价值观也是因人而异的，没法讨论。我说可以讨论，评价不同的价值观是有一个标准的，这个标准就是人性。

我认为，人身上有两样东西是最宝贵的，其实这也是多数哲学家的看法，哪两样东西呢？一是生命，二是精神。生命是最基本的价值，没有生命何谈其他？同时，人不只有生命，还有精神性的存在，这是人和其他生命的区别之所在。要把命照看好，把心安顿好。那么，怎么算是把命照看好呢？我认为生命应该是单纯的，把命照看好，就是要保护好生命的单纯，珍惜平凡生活。怎么算是把心安顿好呢？就是要积聚心灵的财富，注重内在生活。人有两个最主要的身份：一个是自然之子，一个是万物之灵。承担好老天赋予人的这两个主要职责，好好当自然之子，好好当万物之灵，人就幸福了。一番富有哲学的话语带给我们许多启发。

所以，幸福就在于生命的单纯和精神的丰富。这两条是最重要的，没有这两条，物质的东西再多也不会真正幸福；有了这两条，物质的东西少一点也是幸福的。从主观上说，生命的单纯和精神的丰富是好的品质，具备这两种品质，也就具备了幸福的能力。立足于价值观看幸福，幸福问题就变得清楚简单了，你是可以支配自己的幸福的，因为你可以支配自己的价值观。

用这两条衡量，我觉得我们时代的重大偏差是过分地从外在去寻求幸福，把金钱、财富、物质的东西、外在的成功看得太重，大家一窝蜂都在追求这些东西。当然，你可以追求，但不要忘了最重要的东西，就是让你的生命和精神有一个好的状态，那才是真正能使你幸福的东西。如果你为了追求外在的东西把生命和精神的状态弄得不好了、混乱了，你就是因小失大，是划不来的，你也不会幸福。不要随波逐流，到底什么能让你真正感到幸福，你要去问自己的生命，问自己的灵魂。

“取法乎上”，迈向至善心灵

“取法乎上，得乎其中”，这是一个人成长的有效途径。所以我们应走近名家，多向他们学习，多学习他们的思想与智慧，多感受他们的大爱与情怀。

近日读了陶继新与齐鲁名师史建筑近万字的文章《流溢生命光辉——语文教育与师生心灵成长》，给了我很大的触动。史老师认为，语文课上，非细读无以挖掘文本的内涵和魅力。同时，创设氛围是学好语文的有效方式之一，但创设需要的不只是技术，更需要思想与内涵。比如，学生在读《史记》时，能够感受到孙膑与司马迁在精神上的契合之处，一个遭受膑刑，一个被处宫刑。虽然二者都身体有疾，但孙膑最终雪耻，重振雄风，司马迁也没有被宫刑消磨掉斗志。如果说孙膑是用智慧与武力雪耻，司马迁则是用思想与笔墨为历史树碑。当然，在引导学生如何做人的同时，教师也应关注自身生命的成长。史老师的“课题探究”分四种形式：个人课题、合作课题、“领养式”课题和“集中式”课题。而“领养式”课题是在教学中随时生成的，有余力的同学可以随时“领养”，加以研究。在《〈史记〉选读》模块的学习过程中，史老师和他的学生们用了大约40天的时间做课题，曹光瑾同学的《皎皎之义　真真之情——〈史记〉中的侠者精神》，陈保送同学的《巾帼何须让须眉——〈史记〉中的女性人物探究》，吕瑞同学的《〈史记〉中的谋士们》，高卫强同学的《英雄之泪》以及张浩同学的《穿越时空的文化场景》等，都是学生们对《史记》认真研究与感悟的结果。

教学，特别是语文教学，如果拘泥于教材文本，肯定教不出有水平的学生来。我们要善于挖掘学生的潜能。一旦学生的潜能被唤醒，学生就不仅拥有了研究能力，还会将这种潜能迁移，对一生的发展都会产生积极作用。

“取法乎上，迈向至善心灵”，这将是我们永恒的追求！

做最好的自己

——《做最好的教师》观后感

2018年7月12日下午，我从网上观看了李镇西关于教育的演讲《做最好的教师》。李老师朴实的话语，真切的情感，如涓涓溪流沁人心脾，如滔滔江水震撼心灵，让我对教育有了更深刻的理解。所以我要把自己听到的、记下的、想到的写下来，与大家共勉。

一、要做最好的老师

做最好的老师，是一种平和的心态，是一种积极的状态。潜能激励大师安东尼·罗宾曾经说过：如果没有成为顶尖的渴望，就不可能创造卓越的成就，那种渴望可能是一个艺术家、运动员、科学家、一对平凡的父母或是一个生意人的抱负。要做老师，就要做最好的老师，做你身边最好的、做同行中最好的老师。

人只有怀着“做到最好”的心态，才有可能把事情做好。

二、做一个好老师，首先要具备“三心”“三家”

“三心”指的是一个老师必须要具有童心、爱心、责任心。具有童心，可以让你很快地融入儿童的精神世界，以便从儿童的角度去思考问题。爱心，是每一个老师所必需的，其实真正的教育便是爱的教育。只有真正从心底去爱学生，为学生着想，才能让学生也爱你。责任心，也是一名教师所必须具备的品质。

“三家”指的是老师在一定程度上要成为一个专家、一个思想家、一个心理学家。专家，要求老师的课要讲得棒，课上得好是一位老师征服学生的最大优势。同时，作为一名老师，你必须在某一领域有特长，例如文学创作、下棋、弹琴、画画等等。当你在某一领域成为专家时，学生就会佩服你，进而尊敬你、服从你。思想家，要求老师必须具有渊博的知识和深邃的思想。除了教书，更重要的是育人。作为一个引导者，老师更重要的是要用正确的价值观、人生观去影响你的学生。说不定因为你的某一句话、某一次行动而改变了某个学生的一生。心理学家，其作用不言自明。心理学能让我们更快更有效地了解学生的内心想法，以便因材施教，更好地教育学生。

三、要做一名反思型的老师

老师每天都要做到四个“不停”，分别是不停地实践、不停地阅读、不停地思考、不停地写作，并持之以恒。教育的智慧从何而来？从实践中来、从写作中来、从困惑中来、从学生中来，这些都可以成为我们教育的智慧。我们要在遇到困惑、解决困惑的过程中获取教育科研的素材，在学生的变化发展中去研究学生，去思考研究你在教学过程中所遇到的一切问题，让自己成为一个研究型、智慧型的老师，为让学生接受更加优质的教育打下坚实的基础。

四、把后进生培养成模范生当作一项课题去研究

学生情况参差不齐，各有各的特点，有学习较好的，有学习居中的，也有学习较困难的，但是他们各有优点，我们要善于挖掘。尤其是对于学习困难的学生，我们更要关心、关注，对这些学生的有效培养至关重要。其培养六原则是：第一，要相信孩子。第二，与学生建立感情。第三，允许学生反复犯错误。第

四，要降低要求。第五，要借助于集体帮助。第六，以鼓励为主。

为此，李老师向我们介绍了万同学转变的事例。最初万同学在课堂上不专心听讲，好动。李老师从他的爱好出发，让他抄写《烈火金刚》；渐渐地万同学上课能坐住了，也能认真听讲了。万同学的转变凝聚着李老师的爱心、耐心与智慧。

做好一件事情并不难，难的是坚持把件件事情都做好，把事情做到最好则更加难能可贵。苹果公司创始人乔布斯说过：要把事情做到最好，光尽力而为还不够，还要全力以赴，最好是不留余力。换句话说，想把教育这件事情做到最好，光靠热情和愿望还不行，还得有爱心、有恒心、有能力等。要把事情做到最好，就必须在这三方面下足苦功。

要做一名最好的老师，必须要从方方面面提高自己，完善自己，与新课改同步成长，与学生共同进步，为成为一名最好的老师、最优秀的自己而努力！

坚守阵地，爱心永恒

——《第56号教室的奇迹》读后感

《第56号教室的奇迹》这本书让人热血沸腾，连美国总统、英国女王都同时推荐。雷夫老师独创了一套“道德发展六阶段”理论来培养孩子的人格：第一，我不想惹麻烦。第二，我想要奖赏。第三，我想取悦某人。第四，我要遵守规则。第五，我能体贴别人。第六，我有自己的行为准则并奉行不悖。在教师雷夫的真诚鼓励和热情帮助下，一群生活学习乱七八糟的孩子重拾信心，改正错误，克服困难，变成了一群热爱学习的天使，最终走向了成功。

“一间教室能给孩子们带来什么，取决于教室桌椅之外的空白处流动着什么。相同面积的教室，有的显得很小，让人感到局促和狭隘；有的显得很大，让人觉得有无限伸展的可能。是什么东西在决定教室的尺度——教师，尤其是小学教师。他的面貌，决定了教室的内容；他的气度，决定了教室的容量。”

教育最令人不可思议的是，有的人在讲台上站了一辈子，甚至获得了很高的学历、职称，却始终是个门外汉。他可能干得风风火火，却不过是一个附庸者，所以也是无力者。这样的人，教室于他们只是一个讲课的场地。他们天天站在教室里，却从来不能影响到教室，所以，40 平方米的教室永远只有 40 平方米。

这位 20 多年如一日、坚守在第 56 号教室的雷夫老师，是个在教育中总能准确找到目标、从不偏离跑道的人。他对教育和学生有信徒般的坚持、父亲般的亲切，还有哲人的敏锐、专家的自信、战士的勇敢——他拥有真诚与博爱，他拥有智慧与力量，所以他创造出奇迹：将不足 40 平方米的教室无限延伸，使得这里成为孩子们自由舒展、健康成长的乐园。

书中有这样一个故事：在一次化学实验课上，一个小女孩因为找不到灯芯而苦恼，眼里含着泪水。为了不让她掉队，雷夫老师决定停下来帮助她。由于灯芯太小，所以雷夫将头靠的离酒精灯很近，由于太专注，他连头发烧着了都没有发觉……

其实这样的事很多老师也能够做到，我真正感动的不是这个故事，也不是插图，而是插图下面的那句话："如果我能如此投入教学，甚至连头发着火了都没有注意到，那么我前进的方向就是正确的！"

也许一名教师几十年如一日地从事教学并非鲜见，也许一名教师为了工作而作出牺牲也实属正常，但是一名教师能够几十年如一日地专注于教学，并且将这种专注视为正确方向指引的话，那么教师这个职业对他而言已经上升到了精神层面，他已经将这种精神转变为自己的信仰。我想这才是教育的真谛。雷夫就是这样一位教师，一位可敬的教师楷模！

让我们每一位教师都坚守住教室这块阵地，让爱心之花永远开在这片土壤上，结出累累硕果。

用智慧经营教育

——阅读《李希贵学校管理沉思录》随感

读了李希贵校长的《李希贵学校管理沉思录》，受益匪浅，如醍醐灌顶，豁然开朗。梳理反思点点，以此告诫自己努力工作。

一、与学生打成一片，提高影响力

校长不能把自己仅仅当作一位管理者，他首先应该是一位首席教育官。2011年，李校长去美国纽约市的斯蒂文森中学考察，发现该校的校长极力将自己融入学生之中。“在带我们考察学校的两个小时里，他一箭双雕，表面上是带我们参观学校，实际是在进行他的走动管理，或者说得更直白一点，就是不断地创造与学生接触、互动的机会。在教室里，他不时参与到师生的课堂讨论中，如果因为时间所限不能深度参与，在课堂上与孩子们开个适度的玩笑也是他的特长。在走廊里遇到脸色忧郁的孩子，他也要停下来，与之交谈几句。当然，收走在扶梯上丢下的学生手机，抽查学生的橱子，没收学生的扑克，作为一位‘公平的仲裁者’，他也是毫不含糊的。”“校长还告诉我们，11点到12点的一个小时，是他雷打不动接待老师和学生的时间，这个时间谁也别想让他离开办公室，他必须随时等待不期而至或预约好的老师和学生们。”

二、经常与教师协作，慎用执行力

一位聪明的校长，应该尽可能淡化行政的力量，将更多的事情在协商、协调和协作中解决掉。正如日本著名管理大师土光敏夫所言，权力是把传家宝刀，最好不要拔刀出鞘。

苏霍姆林斯基有一句教育界耳熟能详的话：“校长对学校的领导首先应该是教育思想的领导，然后才是行政的领导。”其实，这句话的潜台词就是淡化行政的力量，从而避免一些不太靠谱却过于强大的行政执行力，让协商发挥更大的作用。

三、选择学习方式，提高学习效率

学生是学习的主人，是我们组织教学的基础。一直以来，我们喜欢站在“教”的角度设计课堂，按照教学进度确定学习任务。其实，我们应该首先理清学生的学习过程，把“教”暂时先剥离出来，设身处地弄清学生在这一过程中的“起承转合”，何处山重水复，何时柳暗花明，不愤不启，不悱不发。当所有这些都成竹在胸时，再去设计教师的位置，再去把教师放在一个“灯火阑珊”处。此时的“教”，才是一个崭新的“教”；此时的教师，也才能摇身变为一位智慧的教师。这时候的教学组织方式万变不离其宗，那就是以学生学习为着眼点的教学。

管理学生学习，就不能忽略管理链条上的重要一环——激励。教师应该是鼓舞者，让学生始终有着不竭的学习动力；教师应该是欣赏者，让学生在欣赏的目光下，自信阳光；教师应该把学生捧在手心，让学生像是躺在妈妈的怀里；教师应该帮学生攀上属于自己的顶峰，让学生一次又一次地体验成功。激励不是教学工作的附庸，更不是课堂上的奢侈品，它应该充溢在教育教学的全过程，它应该如同阳光一般洒在每一位学生的身上。

四、改变听课方式，变观课为走课

美国的教育管理者提到在他们的工作中，“走课”是重要的工作方式之一。每天到不同的班级里，不同的课堂上，有目的或无目的地转一转、看一看，在每一间教室里待上少则几分钟，多则十几分钟，遇上需要特别在意的事情也可能盯上整整一个课时，一切根据当时的需要而定。这样的“走课”，更多的是从学生的学习状态去判断教学，当然也有评价老师教学的成分，但无论如何，这样的教学管理方式不会暗示授课者加入更多的表演成分。

五、创造仪式感，引导学生积极参与

过去的开学典礼形式比较单一，如何让每一位同学不仅仅是形式上实现了“参与”，而且还有情感上的共鸣？为此，我们学校有自己的特色。我们设计了“幸福入学门”，一年级的孩子们需要穿过“幸福入学门”，这代表他们崭新的小学生活开始了；随后师生们都在入学门前合影留念，孩子们有了迈入小学生活的仪式感。

在开学典礼上，师生们互相交流，彼此行“拥抱礼”，师生情在拥抱中变得更加醇厚；校长行“鞠躬礼”，代表校方也代表家长将孩子们的未来托付给老师。这个“鞠躬礼”，是拜托，是感谢，更是敬重。

六、维护好师生关系

老师和风细雨般的声音，甜甜的微笑，熟记所有学生的名字，注意倾听等等，都是建立师生良好关系的基础。我们应该将行为关系学放到师范专业的课程里，放到教师专业成长的培训里，甚至放到学校招收新教师的考察里。这样教育和培养出的老师才懂学生的心理，才能更好地处理与学生的关系。

学习雷夫，让孩子幸福成长

2018 年 6 月 21 日下午，文苑小学全体教职工在三年级一班教室就《第 56 号教室的奇迹》这本书开展了幸福教师“养心阁”读书交流会。在交流会上，老师们或讲述与孩子们之间的故事，或阐释典型课例，或发表真挚的感言，大家结合自己的所读所悟，反思自己的工作，决心学习雷夫，努力让孩子们幸福成长。

韩妍老师言简意赅，总结了学习的收获。小宋老师结合自己的所学，反思自己的工作，提出要培养孩子的多种能力。牛牛老师从整体出发，总结了自己的所学所得。英子老师表示为学习雷夫，会尽一切努力扫除障碍，做一名公平讲理的老师。任老师认为只有爱之切，才能做到位。清文老师结合工作实际，深入浅出地谈了对本书的阅读感悟，真诚地分析了自己工作中的得与失，认为有错不要紧，只要敢于面对，就会长出坚硬的翅膀。小付老师结合自身实际，反思对孩子的教育。曹老师决心以雷夫精神为学习的榜样，把教书看作一件幸福的事情，做学生的良师益友。赵红霞老师从封面设计的英文字母开始，娓娓道出了读后感受，号召大家学习雷夫用“头发着火”的态度，全心全意地投入到工作中去。建梅老师从雷夫遇到的问题入手，积极思考，号召大家正确面对。华娟老师结合自己教育孩子的情况，谈感悟，表做法。贺俊则将雷夫的做法与自己的教育教学实际紧密结合起来，进行了深入的思考。小孟老师通过阅读这本书，知道了如何让孩子信任老师，如何与学生为友，努力做一个让孩子幸福的老师。吕文芳老师读出了雷夫快乐的工作状态，读出了对犯错学生进行教育的方法，收获颇多。王文黎决心时刻牢记“第 56 号教室的奇迹”，努力改变自己，用心经营好自己的教室，用真爱对待每一个学生，创造属于自己教室的奇迹。王莉从一个新教师的角度，谈了读后感，明确了下一步工作的思路。韩晓妍谈到，用心做只能合格，专心做才能优秀。马朝霞后悔自己没有早读这本书，并决心向雷夫老师一样，努力打造一个无恐惧而富有智慧的教室。卢老师梳理出几个关键词：爱心、热情、激情、信任，对我们启发很大。马建华老师谈及如何让孩子爱学习，关键是老师要激发学生的学习兴趣……

雷夫几乎把自己的一切都奉献给了孩子。他教语法、阅读、自然、体育、音乐、美术等等，孩子们的综合能力得到了培养和提高。从雷夫身上，我们感受到他对教育的执着，对孩子的关爱，对工作的投入。

相信我们的老师学习雷夫精神之后，教育教学方法会有更大的转变，对孩子的关爱会更加突出，孩子们在小学生活中会更加幸福快乐！

读好书，润心灵；读好书，丰人生。我们文苑小学的老师们会在书香的沐浴中，和孩子们共同幸福成长！

享受“孤独”的美丽

——《帕夫雷什中学》读后感

寒假已经接近尾声，家人都陆续上班去了，我在家里干完家务，独坐书桌前，再次拿起《帕夫雷什中学》这本书，和苏霍姆林斯基交流起来。翻读他的《帕夫雷什中学》，仍然可以感受到真理的闪光，人性的真谛，智慧的芬芳，诗韵的神奇。

聆听着这位教育大师的谆谆教诲，感受着这位教育家温柔亲切的话语，心里特别舒服，我深深地为苏霍姆林斯基对教育的执着所感动鼓舞。他担任校长一职，还深入教学第一线，亲自教课，并且坚持每天听两节课；他高兴地与孩子们同活动、同读书、同游戏、同旅行，把孩子们带到蓝天下、森林里、河流边，通过童话、幻想和游戏，引导他们融入周围的世界，鼓励孩子们每天都发现一点新东西，他引导孩子们所走的每一步都成为发展孩子们思维和语言的极好途径。他和孩子们带着画画的本子，来到牧场，来到清晨的校园……观察蝴蝶飞舞、蜜蜂歌唱、牛群洗澡、露珠滚动，使识字成为情趣盎然、生动形象的生活的一部分。他三十余年如一日地对学生做“跟踪观察”笔记。

他组织全体教师对学生进行教育学评定和心理学评定；他对各位教师形象的全面描述，犹如一张张精心所作的素描画；他组织丰富多样的专题会讨论，像

《学生的才能和需求的形成》《意识与信念的统一》《游戏在儿童教育及其精神生活中的作用》《积极性与纪律》《培养对知识的兴趣和爱好》等，次次有主题，有内容，有实效，教师的场场报告简直就像是课题研究报告。他们的研讨活动，不是停留在表面，而是深入结合学校工作的实际，紧密贴近孩子的成长。

《帕夫雷什中学》不愧为一本好书，这是我第二遍阅读，我深刻地体会到“好书不厌百回读”的益处。人的精神世界丰富与否不在于你读了多少本好书，而是你从读的好书中汲取了多少琼浆玉液，多少精华元素，融入你的血液，浸入你的灵魂，使你的内心世界更加丰厚灵动，使你的精神天地更加绚烂多彩！

苏霍姆林斯基用他的智慧向我们很好地诠释了什么是教育。他促使我深思：自己的管理工作和教育教学工作到底缺失什么？在日常的工作中到底应该如何去做才能富有成效？此书真不愧为人们所说的是一部“活教育学”，“活”是一种生命的状态，“活”是一种情感的灵动，“活”是一种思维的创造。

坐在窗前，你虽没有走出去与外界接触，没有与他人交流，表面上是孤独的，但实际上你在与圣贤对话，你在与经典交友，你的内心是丰盈的，你的精神是高贵的，就像狄金森一样，在孤独中追求生命的价值与意义，即使不为世人所知，你也要坚守自己的理想。这样，你的心就会轻松起来，在孤独中吟唱着高贵的生命之歌，在阅读中享受着精神愉悦……

教育需要有世界眼光

——《爱的教育》读后感

意大利作家亚米契斯《爱的教育》这本经典之作，每章每节都给人以爱的力量，都给人以心灵的震撼。读罢此书，你会被那爱的精神所感动，被那伟大的灵魂所震撼。书中真诚地歌颂了同学间的爱、姐弟间的爱、师生间的爱，还写了对祖国的爱等等。每一篇文章都是佳作，都给人以伟大力量的震撼，非常值得一读。我也充分体会到歌德说的“读一本好书，如同和一位高尚的人谈话”的深刻内涵。

文中的人物个性鲜明。见义勇为、心地善良、体格健壮、为朋友两肋插刀的加伦；学习优秀、相貌英俊、乐于助人、慷慨大方、彬彬有礼、让大家佩服的班长德洛西；衣冠楚楚、爱慕虚荣、喜欢嘲讽他人的伏提尼等，合上书本，这些孩子仿佛就在你的身边，虽然他们身上可能会有一些小缺点，但他们都很真实、可爱。

在《嫉妒》一文中，校长宣布“对祖国的热爱”作文大赛中德洛西得了一等奖，伏提尼嫉妒他，并打了一个喷嚏。校长说：“别让嫉妒这条毒蛇进入你的身体，他会吞噬你的大脑，坏了你的心的。”虽然伏提尼嫉妒他，德洛西却依然很有礼貌地帮他捡起吸墨纸放到书包里，并系好书包带，细节读来非常感人。《受伤的老人》中老职员的举动实在令人敬佩。当“我”与父亲去看望被加洛费用雪球砸伤眼睛的老职员时，他眼睛上缠了绷带，伤势很重，也很疼，但他却对“我”与父亲说：“这只是个意外。”他不但不让“我们”挂念他，自己也还惦记着“肇事者”——那个调皮地砸伤他眼睛的加洛费。“那可怜的孩子一定吓坏了，我想到这个心里就不好受。”当老人知道是加洛费来看他时，急忙说：“可怜的孩子到这儿来，我已经好多了，几乎全好了……谢谢你，回去告诉你的父母，一切都好，让他们别再把这件事放在心上了。”相信老人这真诚感人的语言会打动我们每个人。他受伤了，但心里还是想着别人的感受，多么崇高的品格，多么伟大的精神。怪不得作家夏丏尊在他的汉译本“序言”中写到：“记得曾流了泪三日三夜读毕，就是在后来随便阅读时，还深深地感动着，不觉眼睛润湿……”

小学语文课文《陶罐和铁罐》中，谦逊的陶罐面对铁罐的傲慢无理，依然以平和的心态来对待，尤其是在危难之际，陶罐还是先想着铁罐。至今还记得《读者》中一个感人至深的故事。一对战争年代的好友甲和乙，乙为了活着，竟想杀死甲，但就在拿起枪的一刹那，乙良心发现，最终放弃。其实甲很清楚可能要发生的事情，但却依然对乙很好，并没有揭穿这个秘密。30年后，一次偶然机会，甲告诉了乙，乙在羞愧的同时又感动不已。《歌德让路》讲述的是，德国大作家歌德在魏玛公园小路上遇到了一个经常和他作对的、傲慢的批评家。两人狭路相逢，批评家昂首叉腰，站在路中央冲着歌德叫嚷：“我向来没有给蠢货让路的习惯！”歌德连忙让到一旁，笑容可掬地说：“先生，我和你恰恰相反，请吧！”批评家十分尴尬，进退两难。这些故事虽小，却都表现了人的高尚品德。作为一名教师，我们太有必要与孩子们共同分享人世间纯真而伟大的爱的故事了。

学校还可以以此为契机开展语文综合性学习活动，在全校师生家长间掀起读《爱的教育》的热潮，开展“让心中充满爱”主题班会、实践活动。①让学生制作贺卡(亲情卡)给父母、老师、同学。②在家中为父母、在学校里为老师同学、在社会上为他人做一件好事。③制作小手工,以表达对他人的爱。④绘画展示。⑤歌咏比赛、舞蹈创作。⑥班级文化墙建设,营造氛围。⑦扩大宣传。⑧走向社会献爱心。这些实践活动的开展,有利于让名著的精神深入师生的心灵,提高大家的综合素质,也是"一举多得"的事。

一个人活在世上,应心胸豁达,虚怀若谷,心中有他人。崇高伟大的精神,可以使你的灵魂不衰,智慧不竭。老师们,让我们把爱的智慧给予孩子,让爱的暖流流淌在孩子们的心田,让他们幸福快乐地成长!

快乐读书,体验幸福

经典著作的价值在于给人以典范语言的熏陶,在于给人以心灵的滋养。"取法乎上,得乎其中",我们只有不断拜读高层次的作品,才会有"腹有诗书气自华"的内心丰盈。

我们老师要引导孩子们多读好书,多读经典,从小让孩子们沐浴经典,浸润书香之雅,涵养人文情怀,进而培养其明礼诚信、勤学好问、自强自立、不断进取的精神。

近日聆听了三年级一班的一节读书交流课"说三国"。孩子们对三国人物的理解与感悟深刻透彻,对故事情节的喜爱之情溢于言表。他们流利地表达,生动地描述,给我留下了很深的印象。

阅读名著能让人在无形中受到感染,丰富人的内心,提升人的气质。这些都是潜移默化的。而且很多名著是值得多次阅读的,不同年龄、不同心境下,你会从名著中读出不同的体验、感受。当你真正面对人世间酸甜苦辣的时候,之前读过的书很有可能对你的人生起到很大的积极作用,帮助你去正确面对生活。

经典名著是一条脉,又是一条河。它流淌过古人的心怀,滋养着你我的心田,为我们留下一片葱绿的情感、仁爱的思想和无尽的智慧。

做一名幸福的教师

什么是幸福？幸福就是一种快乐满足的心态。追求幸福是人的天性，要使教育给人带来幸福，就要给学生实施幸福的教育。苏霍姆林斯基说过："理想的教育是培养真正的人，让每一个从自己手里培养出来的人都能幸福地度过一生，这是教育应该追求的恒久性、终极性价值。"①美国霍华德·金森说过："所有靠物质支撑的幸福感，都不能长久，都会随着物质的离去而离去。只有心灵的淡定宁静，继而产生的身心愉悦，才是幸福的真正源泉。"②

那么，我们教师如何体验幸福？

读罢刘正荣的《做一名幸福的教师》一书，我得到了答案。本书从一线中小学教师的职业特点和工作内容出发，运用心理学、管理学的理论，从自我成长、学生管理、课堂教学、教育科研、学校发展等多角度论述分析，全面阐释了教师如何在自己的职业发展中获得幸福的原理、途径和方法，涵盖了教师职业的各个方面。教师通过阅读本书，基本上能解决自己职业生涯的常见问题。这本书在一定程度上能够帮助广大教师获得职业幸福感并享受教育人生。

那么如何做一名幸福的教师呢？

一要关爱学生。要把学生当作自己的孩子一样对待，既要有父亲一般的严厉，也要有母亲一样的慈爱，给予所有孩子关爱，让每一只迟飞的鸟入林，每一朵迟开的花绽放。

二要博学多才。《小学教师专业标准（试行）》中明确规定：教师要具备小学生发展知识、学科知识、教育教学知识、通识性知识。教师的知识结构应如金字塔，既要有精度、高度，更要有宽度、厚度。所以我们教师应扎扎实实地打好自己综合知识的底子，读些教育学、心理学、哲学、历史、美学、文学方面的图书。当然我们还要会读书、有效读书，真正体现读书的及时性、针对性、高效性。一名教师除了学好自己的专业知识之外，还要涉猎人文、地理、哲学、美学等，只有

① [苏]苏霍姆林斯基：《怎样培养真正的人》，蔡汀译，教育科学出版社 1992 年版，第 145 页。

② [美]霍华德·金森：《幸福的密码》，《华盛顿邮报》，1988 年。

做到博学，才能在上课的过程中游刃有余，使课堂焕发无穷的魅力。教师只有具备丰厚的文化底蕴，兼有灵活的教学方法，在课堂上注意激发孩子们的学习兴趣，寓教于乐，才能使孩子们的学习达到较好的效果。

三要科研创新。一位教师如果不去研究自己的专业，时间长了，就会产生职业倦怠感，失去人生方向。我们新时代的教育工作者，只有走上教学研究的道路，才会有前进的动力，才能把握住教育的航向，才能真正有职业幸福感。

四要反思提升。子曰："学而不思则罔，思而不学则殆。"一个会思考的人，才是一个力量无边的人。教育家刘佛年先生说过："教师必须经常把自己观察到的、想到的东西记录在笔记本中，特别是要把工作中发现的问题和经过思考后形成的设想写下来。然后在教学实践中细致地观察、分析、比较、评价，把一切有关的资料都积累下来，到了一定的时候，教学效果就显露出来了，经验也能上升到理论的高度了。"①结合教育教学理论，反思教学实践，这样教师才更有灵性，更有见解，才能走出自己的特色之路。只要我们有一种"衣带渐宽终不悔，为伊消得人憔悴"的决心，我们的眼前就会出现"蓦然回首，那人却在，灯火阑珊处"的美好景象。

爱心与责任

——《苹果与粉笔灰》读后感

一位好友提到《苹果与粉笔灰》这本书，说里面有许多富有哲理的教育小故事，会给人很多启发。是啊，听到书的名字就感觉十分有趣，我马上就让女儿从网上买了这本书。这本书的名字多么形象：我们教师用一支粉笔在黑板上耕耘，扬起细小的粉笔灰，却在学生心中播撒下智慧的种子，收获一个个硕大可口的"苹果"。

买来后，我就迫不及待地打开了它，书里面并没有讲什么大道理，而是向我

① 转引自冉乃彦：《校本教研如何才能"校本"》，《河南教育》(基教版)2015年第5期。

们讲述了一个个生动的小故事。一个个故事，娓娓道来，如倾听友人诉说，那样亲切自然；一个个道理，细细体会，如品尝一杯香茗，那样沁人心脾。

每篇开头，作者先向我们展示一句名言，然后再讲一个短小精悍的故事，故事后还有“心灵贴士”，给我们提出建议。故事内容丰富多彩。《不合时宜的行为》讲的是教师要注意自己的言行；《朋友》告诉我真正能够帮助他人的是行动，而不必张口多说；《小子鲁思》讲了一个 7 岁的少年犯鲁思在男校，被马修斯用爱和鼓励引向正道，并因此改变了一生……书中那一个个或令人动容、或令人启思、或令人感慨的小故事，让人倍感亲切，它们是那样真实自然，仿佛是自己刚刚经历过的；它们是那样生动形象，仿佛是一帧帧电影画面在我眼前展现；它们是那样发人深省，启发人们对自己事业的思考和认同。

其中一个《杰伊》的小故事，让我感触颇深，记忆犹新。麦琪和她 4 岁的儿子走在大街上，旁边的货车突然停下，一位年轻人走下车来兴奋地打招呼，原来，这位年轻人是麦琪以前的学生——杰伊。望着眼前这张年轻的面孔，麦琪依然能够清晰地看见多年前那个 12 岁的“小斗士”，当时的他对教育制度总是忿忿然。如今，他已经是一名建筑师。是什么力量使这个年轻人看见小时候的老师激动不已？是什么力量使曾经的“小斗士”成为现在的建筑师？文中有这么一句话，给了我们答案：

杰伊尊敬地说：“我从未忘记过您，詹森夫人，唯有您常给予我机会。”

我深有同感，毕业后跟你最亲近的孩子，往往就是那些在上学时调皮捣蛋或者经常不完成作业而被老师批评的孩子们。

有一次在培训时，我无意中遇到一个学生，他喊了我一声，我都愣了。“刘老师，您不记得我了吗？我是×××，那时候我很调皮，经常在班里搞恶作剧，也不爱学习，您没少批评我，我让您费心了。但是我始终感激您，记得您在教育我时，说过的一句话，至今我还记忆犹新。您说：‘亮亮，你如果好好学习，改掉你身上一些不好的习惯，你将来能成大器，你是一个做大事的人，你有能力。’从此以后，我经常在班里做这做那，主动擦擦黑板，帮助值日生打扫打扫卫生等，学习也有进步了。您还表扬过我呢。”

顿时，我想起了教学生活的一幕幕。

是啊，给每一个学生机会，这对他们来说非常重要，对老师来说也非常重要。老师的一句话，一个眼神，一次抚摸，一次拥抱，甚至一次玩笑，都足以让他们感受到老师的关爱，他们也会因此爱上学习，爱上学校。

轻轻合上书，《苹果与粉笔灰》这六个字更加清晰可爱。我明白，这6个字意味着收获与付出，意味着责任与使命，绿色的封面让我联想到了希望与活力。教师只有用心去灌溉那片沃土，才能收获希望的种子。教育的真正目的是去栽培和养育学生心中神奇的种子，尽可能地发展学生的每一种潜能，让他们在我们的关爱和呵护下健康成长！

给学生创设一个条件，他们就会给你一个奇迹；给学生一次展示机会，他们就会给你一个惊喜；给学生一次表扬鼓励，他们就会给你一片新天地。

尊重　倾听　合作

——《静悄悄的革命》读后感

10年前，我读过《静悄悄的革命》这本书，可是如今已没有多少印象了。一本好书应该伴随自己一辈子，日前又找出此书一读，有了一种别样的感觉。自然深刻的语言，引人入胜的事例，生动鲜活的人物，都给我们教育者很大的启发。

一、尊重孩子，以人为本

“让教室里的学习成为每个学生都能得到尊重，每个学生都能放心地打开自己的心扉，每个学生的差异都得到关注的学习。”无论是我们学校幸福课堂的探索，还是幸福课程的有效实施，都能有力地体现这一点。我们的教学内容以调查问卷的形式，从学生中来，尊重他们的所需，以学生的兴趣能力为本。学生们在石韵悠悠、七彩纸艺、布艺布娆、绣出精彩、泥中生趣、棋乐无穷等多彩的课程活动中，体验到快乐，提高了能力。一件件生动有趣的作品的展出，一次次开心有趣的活动的开展，一张张幸福笑脸的绽放……学生们感受着参与的快乐，体验着收获成功的幸福。

二、学会倾听，关注背后

“不是听学生发言的内容，而是听其发言中所包含着的心情、想法，与他们心心相印。应当追求的不是‘发言热闹的教室’，而是‘用心地相互倾听的教室’。”这使我想起了济南市“十二五”规划课题——教师关注学生学习状态的研究，我们关注的就是孩子们在课堂上的一举手，一投足，一个表情，一个动作等。孩子们这些不同的表现能反映出他们背后不同的学习情况，或听明白了，豁然开朗，异常高兴；或听不明白，低头沉思，心猿意马等，不同的表现代表孩子们不同的学习效果。我们根据孩子们的不同表现，采取不同的教学策略，如关注情绪状态时，采取顺势而导策略、激励发展策略；关注操作状态时，采取设疑激思策略；关注生成状态时，采取峰回路转策略等，以此帮助孩子们高效学习。

当学生精神不振时，你能否使他们振作？

当学生过度兴奋时，你能否使他们归于平静？

当学生茫无头绪时，你能否给以启迪？

当学生没有信心时，你能否唤起他的力量？

你能否从学生的眼睛里读出愿望？

你能否听出学生回答中的创造？

你能否觉察出学生细微的进步和变化？

你能否让学生自己明白错误？

你能否用不同的语言方式让学生感受关注？

你能否使学生觉得你的精神脉搏与他们一起欢跳？

你能否让学生的争论擦出思维的火花？

你能否使学生在课堂上学会合作，感受和谐的欢愉、发现的惊喜？

…………

这一系列的追问带给我们思路的延伸，使我们明确教育方向。教学改革在于探索、创造充满生命活力的课堂，师生共同感受着生命的涌动和成长的快乐。

在日常教学中，往往是表面热热闹闹，气氛活跃，但是孩子们却没有真正静下心来思考。我们要看本质，看孩子们的大脑是否真在思考、在认真听老师讲课，而我们的老师是否能静下心来，认真地听孩子们的发言，仔细观察孩子们的一言一动，一行一色。他们内心在想什么，他们有哪些困惑，都值得老师去关注。

意大利著名的教育家蒙台梭利曾说过：“教师维持孩子的学习环境，必须像家庭主妇把家里弄得美观温馨一般，但是光这样还不够，还需要了解孩子的一举一动，要负起夫妻教育孩子的职责。”多用点心力，多观察孩子，老师才会对工作有一个清晰的方向。

一个孩子能否步入轨道，能否取得进步和成就，常常依赖于老师细致入微的观察能力，唯有真的去做，才能收到令人满意的成效。

倾听是学习的基础，是学习的有效方式之一。善于学习的学生通常都是善于倾听的儿童。老师在倾听学生发言的时候，有效地引导远远胜过喋喋不休地说教。无论是老师还是家长，我们都应该走进孩子们的心灵，多去聆听他们的心声，让孩子们在温馨、和谐、幸福的环境中学习生活，这样孩子们才会快乐，才会幸福，课堂才能真正充满生命的活力，放射人文的光辉！

三、合作学习，体验快乐

无论是何种单位的发展，都离不开外界的力量。学校也不例外，应打造“学习共同体”。在我校幸福课程建设中，指导教师如大学教授、心理专家、清华大学生、外籍讲师、企业老板等社会不同角色的参与，都是学校充分借助于学生家长、社会团体的力量参与办学、形成一个学习共同体的体现。这样才能最大限度地为学生的发展提供助力，“三人行，必有我师焉”，这样才能更好地促进学校的发展。

《静悄悄的革命》一书，带给我们深刻的启迪，让我们躁动不安的心平静下来，静静聆听学生与老师的真实心声。也许很多情况是我们无法改变的，很多改变也是艰难的，但是我们可以从自己的课堂改变做起，从我们的课程建设开始，人人都把自己的力量汇入这场“静悄悄的革命”中，人人用自己教育的热情点燃孩子们的梦想，相信我们会很快迎来课程改革的暖暖春风，会看到春暖花开的美丽风景！

品味书香之韵，畅想幸福欢歌

“什么是幸福呢？就是知足，别的没有什么。”这是作家高尔基所言。古希腊哲学家苏格拉底认为：“人生的本性是渴求幸福，其方法是求知、修德、行善，然后是一位幸福之人。"中国先哲墨子以快乐为幸福。总而言之，快乐、求知、修德乃幸福也。下面结合读书来谈谈我与师生的成长幸福。

一、在自身提高中，注重读书常态

苏霍姆林斯基反复强调，校长首先是教育思想的领导者，其次才是行政的领导者。那么，校长的教育思想来自哪里？"问渠那得清如许？为有源头活水来。"校长教育思想的源泉就是读书学习，在读书学习中提高自身的综合素质。

工作30多年来，我始终坚持"让读书成为我的生活常态"，坚持每日做到"五个一"：读万字文、写五百言、思一金点、诵一美篇、背一经典。目前我已拜读孔子、莎士比亚、陶行知等中外名人名著近600本，背诵了《论语》《琵琶行》《毛泽东诗词》等经典篇章200多篇，读书笔记达200万字。惜时如金，取法乎上，与优秀的思想家对话交流，感觉是快乐的、幸福的。

二、在反思提升中，注重博文撰写

子曰"学而不思则罔，思而不学则殆"，意思是只学习而不思考，人会迷惑而无所得；只思考而不学习，则会精神疲倦而无所得。学习与思考二者是相辅相成的。为此我在读书的同时，借助博客进行反思。自2006年建立博客以来，我撰写的读书心得、教育随笔、教学花絮达100万字；2007年我还被评为"国家博客之星"；2008年3月我出版了22万字的个人专著《幸福的教育守望者》，得到了领导、同仁的一致好评，虽然辛苦，但是苦中有乐。

三、在教师发展中，注重读书引领

作为校长的我们不但要注重自身素质的提高，还要引领教师在读书中提高素养。30多年来，我给教师推荐了《论语》《爱弥儿》《教师的建议》等近300本经典著作，还带领教师开展了"我与书同行""生命因读书而精彩""浸润书香 幸福成长"等系列读书论坛活动，班子、教师会前开展1分钟美文诵读欣赏，真正把读书与教育教学结合起来，让教师多角度感受名家思想的博大精深。

四、在学生成长中，注重读书渗透

“校长引领教师读书，教师引领学生读书。”这是我们工作的要求。那么教师在引领学生读书上做了哪些呢？

（一）品读经典，让孩子争做博学少年

在教学中引导学生背诵《弟子规》《三字经》《论语》等经典名篇，鼓励学生不但要学习子贡的“闻一知二”，更要学习颜回的“闻一知十”。在学校开展了多次“走进经典，润泽心灵”诗歌展示会。尤其是近年来，在学校开展的“品经典之韵唱幸福之歌”诵读经典展示活动中，孩子们的精彩表现让领导、家长、老师们赞不绝口。通过经典诵读活动的开展，经典文化的博爱思想、励志意念、感恩情怀渐渐滋润了孩子们的心灵，使孩子们体验到学习的快乐。

（二）随时积累，为孩子习作打下基础

《小学语文新课程标准》中明确指出：“语文课程应拓宽语文学习和运用的领域，使学生在不同内容和方法的相互交叉、渗透和整合中开阔视野，提高学习效率，初步获得现代社会所需要的语文实践能力。”在平时的教学中，教师注重让孩子们阅读经典佳作，增强积累好词佳句的能力，除了阅读书本、报刊以外，还让他们从生活中获取有效的学习资源。比如，鼓励学生在与家长谈话、走亲访友、外出旅游等不同场景中注意观察，勤于思考，也要及时写下来。

“泰山不让细壤，故能成其大；江海不择细流，故能就其深。”这样时间一长，学生在习作的过程中就有了丰富的语言，他们自然就会呈现“胸藏万汇凭吞吐，笔在千钧任翕张”的激扬状态。

（三）借助笔记，为学生开启灵动才思

“松声竹韵”“书海遨游”“沧海一粟”“学海无涯”“小贝壳”等充满奇思妙想的读书笔记题目，都代表着一个个精彩的故事，显现了学生不可估量的想象力。学生们潜心选取有新意的笔记名字，兴致勃勃地讲述名字的由来，把读书笔记作为快乐习作的延伸点。

（四）演绎“三名”，让孩子触发感恩情结

我校开展了“三名活动”的探索，即每学期让学生阅读两本名著，每月让孩子欣赏一个名家演讲，每天让孩子聆听一段名家名曲。结合教学做好“三名工

程”，也就是要做到阅读名著写读感，欣赏演讲抒情怀，聆听名曲练书法。就这样，孩子们在“三名活动”的构建过程中受经典熏陶，快乐成长。

（五）读书立作，让孩子享受成功的喜悦

引导学生养成勤于读书、善于积累的习惯，把成果结集成册，让他们体验到成功的幸福感。欣赏着孩子们的作品《希望文集》《温馨诗集》《畅所欲言》《泥泞留痕》，看着孩子们幸福的笑脸，我们也由衷地感到欣慰。

缕缕书香，韵味悠长；篇篇美文，幸福欢畅。让我们在书香的浸润中幸福成长！

听课札记

走进名师课堂，感受其思想精髓，启迪心灵，指引前行；与学生精彩互动，建构起知识大厦，启迪生命的智慧；同教师潜心研讨，碰撞出教育火花，点燃教育的梦想！

改变听课方式，关注学生状态

以往我们听任课老师讲课，都坐在学生的身后或侧面，更多的是关注老师的表现。对于学生，可能只关注到他们的发言内容以及当时的表情，其他方面的表现则观察不到，或者观察不够全面。如果听课老师坐在学生前面，那学生的种种学习状态就一目了然了，有的正襟危坐，有的凝神沉思，有的心猿意马，有的喜形于色，有的眉头紧锁……

新课程标准要求我们更加关注学生，关注学生的身心发展。不管是听课老师还是任课老师，都应该时时关注学生的学习状态，及时地改变应对策略。佐藤学将老师倾听学生比作棒球赛。先生在《静悄悄的革命》中谈到："多数教师只注意自己教学的进度，并没去想准确地'接住'每个学生的发言，未能与那些倾心'投球'的学生的想法产生共振。"然后他提出忠告："重视学生的每一个球，而不要以为只有按自己的教学计划上课才是上课。"①

这就如叶澜教授在《让课堂教学焕发生命活力》中提到的："当学生精神不振时，你能否使他们振作？当学生过度兴奋时，你能否使他们归于平静？当学生茫无头绪时，你能否给以启迪？当学生没有信心时，你能否唤起他的力量？你能否从学生的眼睛里读出愿望？你能否听出学生回答中的创造？你能否觉察出学生细微的进步和变化……"

只有心中时时有孩子，眼中时时有孩子，我们的教育才可能成功。

真情倾注教育，爱心献给学生

——听课有感

2014 年 10 月 26 日上午，我们全区部分校长在王舍人第二实验小学聆听了

① ［日］佐藤学：《静悄悄的革命》，李季湄译，长春出版社 2003 年版，第 22 页。

大辛小学刘永征校长执教的《年月日》一课和张马屯小学谢文娟校长执教的《地震中的父与子》一课，两位校长的课都很精彩，充分体现了叶澜教授提出的一节好课要体现真实、平实、扎实、丰实的观点。

对于刘校长的数学课，我有两点感受：一是环环相扣，步步突破，充分体现出数学的生活性、广博性、高效性。二是关爱学生，三维融合，充分体现出数学的人文性、价值性、整合性。

下面我主要谈谈对谢校长这节课的感受：

一、创设情境，引导学生入文

上课前，孩子们正在背诵《三字经》。一上课，谢校长自然接过话头："孩子们，你们背得真好，声音洪亮，又有韵味。你们还会背其他的诗吗？"随后他展示出表现父子情深的图片与诗歌，优美低沉的音乐配以声情并茂的朗读，顿时深深吸引住了孩子们，自然而然地把他们带入文本的情境中。此环节的设计，谢校长真是别具匠心，处理巧妙。

"这是一场怎样的地震？"引导学生思考问题，也引出了本节课的主题。

二、以人为本，关注学生发展

在上课的过程中，谢校长根据学生的不同情况，及时鼓励，及时点拨，不断激发孩子学习的热情。"没关系，再说一遍。""把书拿起来，这样读会更有味道。""不要紧，别紧张，再好好想一想。"谢校长对学生的包容与鼓励，启发与引导，都充分展现了一位老师的人格魅力。

三、深挖教材，引导学生入情

谢校长引导学生去抓文眼"挖"字："为什么进行数字的罗列？"引导学生进一步理解父亲对儿子无私的爱。谢校长重点让学生读"他挖了 8 小时，12 小时，24 小时，36 小时，没有人来阻挡他……"让学生读出自己不同的感受。教育家萨特曾说过："阅读就是理解的创造。"通过"读"这个过程，让学生深入理解为什么这样读，对文本就会有更深一层的理解。

四、拓展练习，借情巧妙练笔

当引导学生体会父亲对儿子的爱之后，谢校长又问："36 小时过去了，父亲还是没有见到儿子的踪影，他想对儿子说什么呢？请你写下来。”此环节的目的是引导学生通过写作抒发自己的情感，一是能帮助学生理解课文，二是训练学生的习作能力，体现了读写结合的语文教学思想。

五、补充延展，引导学生读书

在课堂即将结束时，谢校长展示了高尔基有关父爱的名言：“父爱是一部震撼心灵的巨著，读懂了它，你也就读懂了整个人生。”再推荐朱自清的《背影》，拓展的目的是让学生理解这份浓浓的父爱。

整节课充分体现了新课改的理念，时时以人为本，处处关注学生的全面发展。

说话接龙，听课有感

有一次，文苑小学的语文教师来到了实验小学的多功能室，聆听丁惠臻老师的《说话接龙》一课。听后，我热血沸腾，激动不已。总体有三点感受，分别是惊叹、感动、折服。

我惊叹于丁老师的博学多才，底蕴丰厚；惊叹于孩子们的妙语连珠、诗词大作。我感动于丁老师6年来的执着追求，持之以恒；感动于孩子们的平时积累，热情积极的投入。同时我也为丁老师和孩子们的课堂表现所折服。

课堂一开始，丁老师就组织大家玩成语填空的游戏，借此把“欢迎文苑小学”给呈现出来。成语分别是：（欢）聚一堂、来（迎）去送、（文）炳雕龙、桂林杏（苑）、短（小）精悍、（学）海无涯。真是别具匠心，浑然天成。孩子们随口道出一个个成语，简直是信手拈来，他们的表现让我由衷地赞叹。

随后，丁老师又向孩子们展示了《论语》中的句子，让孩子们找出相应的成语。孩子们热情高涨，很快找出了温故知新、愚不可及、贤贤易色、巧言令色、闻一知十、三思后行等成语；老师又补充了成语的意思，孩子们对其有了更深的理解和体会。在此基础上，丁老师把《论语》中的警句分为明志、修身、交友、学习、慎言、君子几类，孩子们都能熟练地背诵出来。

最后，我们又聆听了丁老师几年来的探究之路以及郭校长的精彩点评，我们也针对自己的教学困惑与各位老师进行了交流。大家畅所欲言，收获成长……

老师们，只要我们坚持闻一知十的理念、敏而好学的精神、温故知新的方法，与经典相伴，与快乐同行，量变就会演变为质变，渐渐地我们会进入“胸藏万汇凭吞吐，笔有千钧任翕张”的佳境。

读课文要读出味道

听课之余，有些许感叹。有的老师将语文课上成“品生课”，或者在课上讲解过多，孩子们没有更多读书的时间，读起课文来缺少感情，也感受不到文字所带来的触动。听着孩子们不熟练地读课文，看着孩子们木讷的表情，我的心里有一种酸涩的感觉。

我始终在思考一个问题：语文课如何体现出语文味？关键的一点，就是要孩子们多读课文。把课文读得有声有色，声情并茂，你还能说孩子不理解文意吗？

《语文课程标准》中明确指出：“语文课程应引导学生丰富语言积累，培养语感，发展思维，让学生感受阅读的乐趣。”我认为学生语感的培养，首先要从引导学生读出课文的味道开始。下面从三个方面浅谈自己的认识。

一、读课文要读点、读面

“读点”就是读文中的词语、句子、标点，“读面”就是读文中的段落、篇章。读课文只要把文中的词语、句子、标点读出味道了，那么段落、全篇的味道水到渠成，自然也就有了。

二、读课文要读熟、读通

课文要多读，以读代悟。要让学生把课文读熟、读通、读懂。要读到“其意皆出吾心，其言皆出吾口”，尤其是重点的部分，更是要强化阅读的功效，力求让孩子们读出对课文的理解，读出自己独到的感悟。

三、读课文要读深、读阔

除此之外，读课文还要读深、读阔。我们要树立大的语文观，本着“教一学科，心系综合”的思想读书学习。如学习《草船借箭》时，要让孩子们读罗贯中的《三国演义》；学习《小摄影师》时，可以让孩子们阅读高尔基的三部曲《童年》《在人间》《我的大学》；学习《祖父的院子》时，让孩子们阅读作家萧红的《呼兰河传》等，以此丰厚自己的文学积淀，加深对文本的理解。“读书譬如饮食，从容咀嚼，其味必长；大嚼大咀，终不知味也。”这样在拓展阅读的过程中，激发孩子的阅读兴趣，培养他们的语言感受能力。

上好语文课除了要读出味道之外，还要听出思考，说出精彩，写出样子。

只要我们把握好课程标准的要求，心中牢记以上四个要素，不断完善自我，随时注重学习，及时提炼反思，定能让每节课内容丰富充实，气氛轻松和谐；既锻炼了学生的各种思维，又提高了学生的综合能力。

美国教育家杜威先生有这样一句话：“给孩子一个什么样的教育，就意味着给孩子一个什么样的生活！”让我们多给予孩子锻炼的机会与创造的条件，相信孩子们会还我们一个奇迹！

扎实有效，浑然天成

2018 年 4 月 23 日下午，我和学校的几位老师到实验小学，听了彭霞老师执教的《两个铁球同时着地》一课，彭老师无论是从课堂设计、教法还是自身的素质方面都给我们很大的启迪，引人深思。

一、开门见山，直接导课

“今天我们学习《两个铁球同时着地》，谁来读读课题？”一位同学站起来读了一遍。彭老师说：“读得很正确，再干脆一点更好。”之后彭老师又让另一位学生读，最后让大家齐读。在学生读课题的时候，逐步引导学生读得正确、干脆、流利。

二、步步留痕,字词扎实

彭老师让学生从带拼音读,到去拼音读,再到分行读,同时区别生字,练习写字。从多音字"的"的处理到"辩、辨、辫"的组词区别等,环环扎实,步步留痕。

三、抓住重点,深入理解

彭老师为大家展示亚里士多德和伽利略的名言,让学生朗读并思考其中蕴含的哲理;再让学生通过读—再读—老师范读—学生再读—最后齐读的过程,让学生从文中悟、从悟中读。

抓住"信奉"一词,彭老师引导学生结合课文深入理解词意。"你是什么意思?难道要违背人类的真理吗?""我听出了嘲讽,我听出了责备",然而伽利略不畏惧,"这又是一个怎样的伽利略?"此部分的教学,彭老师步步引导,环环追问,引导学生深刻体会伽利略敢于挑战权威,不畏惧他人的责备嘲讽,勇于追求真理的精神。

四、巧妙设问,感悟升华

为了加深学生对课文的理解,彭老师为孩子们提供了这样的填空练习:"伽利略走下斜塔,人们____________。刚才还嘲笑他的人说____________;信奉亚里士多德的科学研究人员说____________;曾劝阻伽利略公开试验的学生说____________。"一是通过前后人物语言的不同,态度的改变,突出伽利略追求真理的决心;二是引导学生进行想象思维的训练。

总之,本节课授课严谨,内容丰实,老师和学生配合得当,取得了很好的授课效果,真正达到了"人在课中、课在人中"的境界。

幸福课堂,快乐无限

近日,听了几节随堂课,真是百家争鸣,各具特色。建梅老师扎实的基本功、对孩子浓浓的师爱深深地感动了我。他在课堂上借助歌谣背诵,突出重点;

巧用拟人手法，突破难点；情境创设，巧记音节等，让孩子们在课堂上学得扎实，学得快乐。牛牛老师在课堂上变身为孩子们口中亲切的大姐姐，和孩子们一起学习，一起游戏，一起成长。

曹老师和孩子们在课堂上配合得当，老师语言精练到位，环节过渡自然，与生活实际相连，兼顾每位学生，学生回答问题也十分积极，这都反映出曹老师精湛的教学艺术。

吴老师的课堂上穿插生动的歌谣，对孩子们行为习惯的养成起到了很大的促进作用，同时大大调动了孩子学习的积极性。如"一、二、三，我坐好。静静静，看黑板。小眼睛，瞪起来；小耳朵，竖起来。想发言，先举手，回答问题要洪亮。伸出你的右手来，我就伸出右手来"等，使孩子们在有趣的歌谣中快乐学习，达到了寓教于乐的目的。多样的朗读方法，如比赛读、开火车读、比较读、连线读、送信读，也激发了孩子们的学习兴趣，提高了学习效率。

小苏老师的音乐课也是别有一番风情，从声到形，自然巧妙；认识符号，生动形象；分行练习，关注全体等。如果在教学中再使学生的声、形、态融为一体就更好了。王莉老师讲课也渐渐成熟起来，孩子们在她的引领下，学习热情高涨，积极性极高。

相信在"幸福教育"的引领下，民主、轻松、自主、合作的元素在课堂上会充分得到体现。在我们充满生命活力的课堂上，孩子们会学得更加快乐，更加高效。

听名师之课，悟教学之道

随感一：心灵的震撼，无尽的感动

我在洪家楼第三小学聆听了三节语文课，分别是洪家楼第三小学苏宝芳老师执教的《唯一的听众》和洪家楼小学王红霞老师、王舍人镇中心小学李仁霞老师执教的《开国大典》，三位老师讲课风格迥异，各具特色，精彩纷呈。

首先谈谈苏老师的课堂。上课伊始，苏老师首先让孩子们读课题并提出疑问:"为什么是唯一的听众？听众是谁?"然后分别出示带有"嘿"和"小令"的句子,借助于环境的描写引导学生体验人物的情感。接着出示生字词语,分别是:仪式、抱歉、无法割舍、溜走、悠悠的小令,带领学生齐读。

之后苏老师让学生概述主要内容,理出主线;再出示对话内容,通过师生分角色朗读、自己感悟、变换句子、出示句子补充完整等方式,让孩子们体会老人对小伙子的关心爱护。补充"仿佛——,仿佛——,仿佛——"的句式,进一步理解教材。

尤其是师生分别朗读小伙子原来拉琴的状态与现在拉琴的状态,二者形成了鲜明的对比。"当我知道这是一位音乐教授时,会想些什么?"这一环节的设计非常巧妙,有助于学生真正把课文内容融会贯通。

苏老师独具匠心,挖掘教材深入细致,作为一名年轻教师能达到这种程度,很让我们感动。

随感二:视角独特,心中有爱

我已聆听过多次王老师的课。感人至深的《地震中的父与子》,真情涌动的《生命,生命》,情真意切的《孔子拜师》等,王老师的课就像她本人一样真诚、富有气魄。今日又听王老师的《开国大典》一课,更感觉其独具匠心,颇有神韵。

(一)出示画像,理解词意

首先出示毛泽东画像——伟大领袖毛泽东,引出课题。出示词语"擎""瞻仰",朗读理解,展示"瞻"的写法,让学生练写,相互用"笑脸"评价。

(二)梳理主线,抓住重点

让学生快速自读课文5～10自然段,划出"群众反应"的句子,通过典礼仪式上群众的反应,感受毛泽东的伟大形象。通过"自读练习—学生分读—教师范读—学生齐读",引导学生感受人们激动的心情以及对领袖的爱戴之情。再出示带有"掌声"的句子,引导学生读书,注重对关键词的理解。

(三)前后连贯,补充新知

联系前面所学知识点,王老师补充朗诵《长征》以及郭沫若对毛泽东诗词的评价。板书出示:

伟大的领袖毛泽东。

诗人毛泽东。

军事家毛泽东。

杰出的书法家毛泽东。

（四）拓展延伸，深化感悟

在整节课的学习过程中，王老师时时关注着孩子们："孩子，不要拖长音。""孩子，你再好好想想。""孩子，有进步，加油。"王老师始终以一种鼓励的态度在关注着孩子们的发展。

整节课的设计视角独特，研读深入，值得我们学习与思考。

随感三：大气精练，风格稳健

山东省教学能手李老师上课风格大气，语言精练。

（一）字词处理简洁到位

李老师首先出示生字词，带领学生齐读，去拼音读，学生个别读。紧接着出示"瞻"，通过"组词—字的演变—书写注意什么—教师范写—学生练写—学生相互评价"等扎实有效的环节，引导学生对"瞻"字有了更深刻的印象。

（二）理解课文清晰入微

从理出时间的主线（早上六点—下午三点整—傍晚—晚上九点半）到引导学生深入的思考："孩子们，你能从时间上看出什么？"从理顺课文场景（入场—典礼—阅兵）到抓住重点段分析，从重点句子的理解感悟到多种形式的朗读等，都体现了李老师善于抓细节，对课文理解到位。

（三）拓展延伸，超越教材

在理解典礼场面时，李老师适时补充了狼牙山五壮士、邱少云等英雄事迹，在理解"三十万人一齐瞻仰五星红旗"时，李老师又补充了不同情况下国旗的升起，如香港回归时，承办奥运会时，飞船上天时。一个个激动人心的场面，表达着中国人民强烈的爱国热情，震撼着我们每位听者的心灵。最后全体在《五星红旗》的歌声中下课。整节课所展现的风格是大气、有气势。

最后，教研员孙秀芹老师对这三节课进行了评价，又强调了小学语文教学中应注意的几个问题，给我们听课者强有力的指导。

语文课要培养一种习惯，抓住一条主线，进行一种设计，提升一种思考，进行一种训练，给予一种方法，促进一种发展，追求一种效果。一节好的语文课要看目标的设计是什么，目标达成了几个，达到了什么程度。这对小学语文老师起到了很好的引领作用,不愧为小学语文教学的导师啊。

小学语文教学,要还原本真,要有十足的语文味。一节好的语文课,要看教学目标是否达成,要看教师是否关注学生发展,要看学生能力是否得到培养,要看学生是否自主学习,要看教师是否吃透教材。

有趣的幸福课堂

2018 年 4 月的一天,听了一节吴老师执教的《品德与生活》,我感动之余亦有诸多感慨。在课堂上孩子们是那样的快乐,老师是那样的投入。教学环节衔接自然,妙趣横生。课堂设计着重体现了幸福课堂的元素:①激趣导课,组织学生练习跳绳,让孩子们掌握跳绳技巧。②自主乐学,让孩子们用“开火车”的方式指说身体的各部位,并戴着不同的部位头饰到讲台上说。孩子们一会儿观察跳绳,一会儿观察图片,学得很快乐,掌握知识点也比较到位。

吴老师还注重课前的组织教学环节。一是借助跳绳,引出上课内容。二是让孩子体验一只手系红领巾,抓住此环节培养孩子的语言表达能力,值得我们学习。三是在教学中穿插小游戏、小儿歌,既能激发孩子的学习兴趣,又能缓解孩子们的疲劳。四是组织学生看手指操视频,关注孩子们的学习状态。整节课气氛活跃,老师语言生动形象。提几点建议,一家之言,仅供参考:

一是“开火车”环节,让孩子“边指边说”比“只说”更好。将身体部位与名称对应起来,孩子们的理解会更加深入。二是戴头饰上讲台解说身体各部位的作用用时太短或不够深入,小组相互说说效果可能更好。三是手指操之前加上一个关于人体各部位的小儿歌可能更好。

这也让我想起李镇西说过的那句话,所谓“好课堂”,就是“有趣”加“有效”。有趣,就是能够吸引学生,让学生在课堂上兴趣盎然,心情愉悦,如沐春风。有效,就是教师完成了教学任务,而学生们有成果——无论知识的,能力的,还是情感的,思想的,总之有收获。有趣和有效是相互的。如果只是有趣而无效,课堂就成了看小品,热闹而已。但如果课堂无趣,只追求所谓的有效,一味地灌输,这样的课学生不爱听,也很难有真正的效果。

如何才能达到“有趣”？方式可以有很多：语言诙谐风趣，让课堂妙趣横生；将知识和学生的生活相联系，让学生觉得学知识其实就是学生活；引导课堂讨论甚至争鸣，让学生的思想“火花四溅”；组织学生参与课堂教学，让学生自主学习……这些都能让学生感到课堂是有趣的，因而全身心地投入。如何才能达到“有效”？方法和途径也有很多，但我认为最重要的一点，是把教师“教”的过程变成学生“学”的过程，而所谓学生“学”的过程，应该是学生互相讲解知识的过程。

在平时的教学过程中，让我们努力做到课堂不但有趣而且有效，让老师教得快乐，孩子们学得高兴，师生一起在快乐的课堂上幸福成长！

音乐课带来的美感

“半屏山哪，半屏山，一半在大陆一半在台湾，祖国的领土，水连水山连山……”好优美的歌声，原来是经五路小学纪霞老师的音乐课，让我们为之陶醉，为之动容。美丽的大眼睛，秀美的脸庞，白净的皮肤，头上梳着一个马尾辫，上身穿一件黑色的小西服，里面套着一件枣红色的毛衣，下身则穿一条牛仔裤。一出场，就看得出纪老师是一位泼辣精干、做事雷厉风行的教师。

一、名家歌唱，导入新课

首先，由纪老师弹琴、学生齐唱《半屏山》这首歌；然后播放宋祖英和《达人秀》一位歌手分别演唱的不同风格的《茉莉花》，启发学生改编《半屏山》。

二、学生创编，发展能力

学生分别发表自己的创新观点，展现学生的创新思维。有的回答说改编歌词，有的说改编旋律，还有的说改编节奏等，接着老师指挥，孩子们唱起了进行曲式的《半屏山》。纪老师引导学生边表演边唱，边打拍子边唱，孩子们兴味盎然。随后纪老师出示不同的旋律，学生分别拍手唱不同旋律的《半屏山》。接着，纪老师唱伴奏，学生唱原曲，引出“合唱”这一术语，最后学生再分别进行原曲与伴奏的合唱。

三、改编歌词，不同唱法

最后，纪老师让大家改编歌词。有改编成太行山的，有改编成大明湖的，还有改编成趵突泉的呢，真是妙趣横生。在这堂课上，学生们不但改变了歌曲的节奏、力度，还改变了旋律，个个都是“创编小达人”呢。

一节课结束了，我们还是意犹未尽，感觉音乐课真美，我们都陶醉在优美的歌声中了。

聆听精彩课堂之感

一个周五上午，我和另外两位老师来到了王舍人实验小学，参加了历城区小学语文名师李仁霞工作室研讨会，大气宽敞的校园，整洁明亮的教室，精彩的课堂教学，都给我留下了深刻的印象。

我们首先听了两节语文课，分别是王舍人实验小学的韩生萍老师执教的《她是我的朋友》以及鲍山学校的聂春红老师的“超文本主题阅读”，两位老师的课都非常精彩，各具特色。

韩老师抓住了课文的灵魂。文中小男孩既害怕自己死去又想救小伙伴，最终善良的心让他勇敢地举起了他的小手。韩老师巧妙地抓住了哭的四个词语“啜泣、呜咽、哭泣、抽泣”以及“举—放—举”三个动作的连续出现，让孩子们深入领悟小男孩的矛盾心理以及为了救小朋友宁肯牺牲自己的决心和勇气。除了专注课文讲解，韩老师还带领孩子们结合本文学习的写作手法——运用人物的心理、语言、动作描写进行小练笔，真正做到了读写结合。

聂老师的超文本主题阅读让我们耳目一新。她借助导读，抓住文章中心，告知学生学习方法，拓展课外知识，并借助“方法改变”“延伸升华”等环节让学生深入领会文章中心思想。课堂上，孩子们不但抓住了每篇课文的中心思想，还搜集了与之有关的故事，比如世界著名演讲家尼克·胡哲的经历，著名女作家杏林子的精彩故事以及她的著作。孩子们在感受他们的伟大拼搏精神的同时，也认识到生命的可贵。

我在思考：语文应该教什么？怎样让孩子们借助于课文学到课文之外的东西。不如把课文当作一个载体，一个支点，一个圆心，老师引导孩子们，让他们关注书本之外的大世界，真正实现“教课文”到“教语文”的转变。这样在课堂上，孩子们的阅读面是广阔的，思考力是深刻的，表达力是强烈的。这也无形中对老师教学提出了更高的标准、更高的要求！

从“教课文”到“教语文”，说起来只有一字之差，但是它所包含的寓意是不同的。只要我们有敢于改革的勇气与决心，有面对困难坚持做下去的恒心与毅力，实现转变就不会太难，师生也会体会到教与学的快乐，真正做到教学相长！

语文教研的快乐

2017 年 10 月 25 日上午，我校举办了语文教研活动，参加活动的有区教研室的孙秀芹科长、济南名师王红霞老师。首先由我校的付婷婷老师执教了一节二年级上册的《玲玲的画》，随后由济南名师王红霞老师执教了一节《日月潭》，最后环节是由两位老师分别说说自己的教学思路，孙科长作了精彩点评和指导。

两位老师的课各具特色，共同点就是都能关注到学生的发展，注重对孩子们语言文字的训练以及文本的拓展等，上出了浓浓的语文味。

付老师执教的《玲玲的画》一课，亮点有以下三处：一是拓展文本，丰富语言积累。如“叭”和“趴”的区别，借助歌谣“小喇叭叭叭，小花狗趴趴”，十分简洁明了。如果让学生一边表演一边读，效果会更好。在“我会说”栏目中，老师给出一些词语，分别是“伤心绝望、泪如雨下、心灰意冷”等，引导学生把这些词语放在句子中，练习语言表达，这样既能丰富孩子们的语言积累，又能加深孩子们对文本的理解。二是围绕玲玲的感情主线，把握文本内容。三是结合课文引导孩子们动脑，设计了“智慧星”环节。其中涉及的都是生活中的具体现象，如：“你的裙子被刮破了，怎么办？”“你画的太阳上有个污点，怎么处理？”等等，让孩子们勤于动脑，善于思考。如果在知识重点的把握上，老师再加大一下力度，则会更好。

王老师执教《日月潭》一课，真正做到了"授人以渔"，从指导孩子如何整理资料，到如何去表达完整的句子，再到词语的积累等等，她总是带着探究的态度去思考，去整合，去拓展孩子们的知识面，真正地实现了对语言的架构与运用。但是在理解"潭"字上用时长了点。

最后孙科长进行了点评与指导：一是针对"端详"一词的理解。这个词大多是在看到自己非常喜欢的东西时用到，如"我端详着这盆玉兰花，感觉好美好美"。再读此文，感觉又不一样了。二是在处理长句与短句朗读上，我们要注意方式方法，短句可以拍着手朗读。三是引导学生从烦琐的资料中整理出有用的信息，既培养了学生的学习能力，又激发了学生的学习兴趣。孙科长还提到，要引导学生把思维过程说出来，要用讲故事的方式去梳理孩子们的思维；老师应具有审美的鉴赏力与创造力，加深对文本的理解，立德树人的传承意识更要提高。

孙科长最后说："我们要做到长文短教，难文浅教，短文细教，浅文趣教，美文美教。做到一课多篇，选点精读，穿插引进，比较阅读，课文连读，目标明确，一课一得。老师语言的指向性要明确，教学目标要清晰。"

通过这次教研，老师们受益匪浅，深深地感受到语文的博大精深与无穷魅力，体验到语文教研带给我们的快乐！

赏大师课堂，悟大气教风

2019年7月，我学习了全国优秀教师虞大明执教的《祖父的园子》一文，可以说是受益匪浅。虞老师准确的教学语言、严谨的教学思维、大气的教学风格，无时无刻不给我们语文教师以引导和启发。

《祖父的园子》是一篇略读课文，而虞老师非常重视对学生阅读能力的培养，并且有意识地培养学生快速浏览以获取有效信息的能力。一上课，虞老师就告诉学生略读课文与精读课文的读法不同，略读可以默读，可以浏览，甚至可以一目十行。在此基础上，虞老师引领学生展开了对课文的三次浏览，每次浏览任务不同，学生收获颇丰。

第一次浏览，让学生紧扣课题，思考：这是一个怎样的园子？虞老师让大家想一想可以用什么词来表达，然后写在课题的旁边。于是，“生机勃勃、五彩缤纷、应有尽有、快乐、自由”等关于园子的特点就在孩子们的第一次浏览中突显出来，孩子们对文本初步的感知也就有了。

第二次浏览，让学生带着“园子为什么是自由快乐的”这个问题，快速浏览课文，用圈关键字的方法，思考“萧红在园子里干了哪些事情?”然后师生一起梳理出了10件事，学生对文章的主要内容也就基本把握了。

第三次浏览，虞老师以“这些事情中最重要的是哪件事”来引领学生精读重点部分。看似简略的三遍读，实则一遍比一遍深刻，一遍比一遍有效。虞老师通过这个方法引导学生从字里行间悟出趣、悟出情，让学生充分地感受作者对童年美好生活的眷恋和对亲人的怀念，让学生知道：使作者感到自由快乐的，不只是祖父的园子，还有慈爱的祖父的给予。祖父给了孙女心灵的自由，他允许孙女随便玩闹，即便是用于养家糊口的谷子被孙女当成狗尾巴草拔了，还是给予她大笑与宽容，对她可谓倾尽了爱心和耐心。祖父的爱放飞了孩子的天性，在他的宽容与疼爱下，才有了孩子自由、快乐、幸福的童年。正是因为作者的心灵是自由快乐的，所以在她孩童的眼里，一切才是自由的，快乐的，甚至是充满梦幻色彩的。因此，细读文本之后的孩子们，又对文本有了全新的体会。

整堂课虞老师不失时机地引导学生进行有效的阅读与思考，学习与感悟，但每次引导又是这样的引而无迹，水到渠成。

这堂课上，学生们没有讨论与交流，有的是浏览与思考。虞老师没有把学生局限于课本当中，只是把这篇课文作为传授语文学习方法的一个载体。从虞老师的课上，我深刻地体会到语文教学的大气与跨越、人文与综合、方法与技巧，感受到他与孩子们在课堂上的精彩纷呈，感受到他大气、洒脱、睿智、风趣的课堂风范。孩子们在他的引领下，潜心会文本，快乐满课堂！课堂上孩子们爽朗的笑声，告诉我们这样的课堂他们不累，这样的课堂他们喜欢！课后老师满脸的笑容，告诉我们其实名师并不神秘，名课并不玄虚，同样有迹可循、有据可依，他们的高明之处在于能用自己深厚的功底，将每一个细节演绎得厚实又饱满，真情又自然，却又不露痕迹，天人合一。

老师，听我说完好吗?

一次外出听课时，老师发现一个孩子的表达文不对题，就在孩子还没有回答完问题的时候让他坐下。我听见孩子小声嘟囔着："老师，俺还没有说完呢。"

在很多情况下老师需要耐心，这是对孩子们的尊重，也是对孩子们的鼓励。

陶行知先生有一句话特别震撼我的心灵："真教育是心心相印的活动，唯独从心里发出，才能打到心的深处。在理解儿童心理的前提下要具备儿童的心灵，怀有儿童般的情感，拥有儿童般的兴趣，具有儿童般的思维，拥有儿童般的纯真。"

《窗边的小豆豆》中，小林宗作校长耐心地、微笑着听小豆豆讲了足足4个小时，这是一种什么样的教育理念？在很多时候，我们其实只是需要静心倾听孩子的声音。

孩子的心是一株幼苗，需要我们精心地栽培；孩子的心是一朵小花，需要我们用爱心去浇灌。让我们用理解、尊重、信任、欣赏、期待的姿态做孩子的朋友，他们就会给你一个奇迹。如果给孩子一次展示的机会，他会给你一个惊喜；给学生一次鼓励，他会给你一片新天地。

要鼓励学生树立"人皆可以为尧舜"的信心，要让他们相信"有志者，事竟成""十步之间，必有茂草；十室之邑，必有俊士"的哲理，当然还要让他们明白"少壮不努力，老大徒伤悲""志不强者智不达，言不信者行不果"的训言。让我们成为孩子心目中的太阳，把爱的阳光洒到孩子的身上，让每一个孩子享受到温暖，享受到快乐，享受到新课程成功的喜悦！在与学生共同成长的过程中，你会看到"喜看稻菽千重浪，倾听幼竹拔节声"的丰收画卷。

爱心犹如一泓清泉，荡涤心头的污垢，变得纯净清明；爱心犹如一场甘霖，滋润久旱的心田，使其油润如膏。在很多时候，我们老师要有一种难能可贵的耐心、极其严谨的细心、无微不至的关心，让孩子在自由美丽的天空中展翅高飞、尽情翱翔，让孩子在无痕教育中茁壮成长，在润物无声的情境中自信阳光！

培训情思

培训就像是一顿丰盛、精美的大餐呈现在我们的面前，真是“听君一席话，胜读十年书”。各位专家、教授把自己在学习和工作中的经验毫无保留地拿出来与大家分享，深入浅出，可谓异彩纷呈，让我受益匪浅！

榜样的力量

学校有幸请到了全国著名的教育专家庄重校长，他的报告虽不足一小时，但是他的幽默、睿智、淡定以及厚重的文化积淀，让我们很是折服。他丰实的经历、生动的案例、精练的观点、执着奋进的生活态度都对我们有很大的启迪。

“天才就是持续忍耐痛苦的能力。”“爱别人也爱自己。”“把悲伤留给自己，把快乐留给孩子。”……许多经典朴实的话语却富有很深的哲理。看看庄校长的经历，有个观点对我启发很大：“优秀的人生是走出来的，不是设计出来的。”

或许很多人诧异，庄校长是如何从一名普通的新东方老师成长为一名校长的。他的答案简单得让人失望。“当小老师的时候，我就想着把小老师做好，就会自然而然地变成主管。当主管的时候，我也没想过当校长，就想好好当主管吧，最后就变成校长了。从来没有设计过，我当老师的时候，从来没有想过当新东方校长。”

学生总会向他请教英语单词背诵的技巧，庄校长总是回以四个字：“死记硬背。”一天背诵 500 个英语单词，在有些人看来是不可思议的事情，但庄校长在大学的时候就做到了，他的技巧是完不成不睡觉。有毅力、有决心，今日事，今日毕，做不好不罢休。现在，很多大学生沉迷于“成功学”，一出来就夸夸其谈，大谈梦想。庄校长认为：“有梦想是好事，但最重要的是你能不能做好每天的工作，每天晚上睡觉前回想一天有没有虚度，每天制定的计划是否都已完成。优秀的人生是自己走出来的，不是设计出来的。”一个人的成长是自己努力做出来的，是扎扎实实走出来的。把握当下，把每一件小事做好，就是不简单。记得海尔集团总裁张瑞敏说过：“把每一件简单的事做好就是不简单，把每一件平凡的事做好就是不平凡。”

为了孩子们的幸福成长，让我们行动起来，养成爱读书的习惯，成为一个读书人，成为一个更懂教育的人。只要我们用心地培养教育孩子，积极影响周围的人，坚持去做，努力去做，就一定会有更大的收获！

文苑小学在感动中幸福成长

一年冬天，学校有幸邀请到济南市教科院李勇副院长来给我们作报告，报告的主题是《专业成长，体验幸福》。李院长在一个半小时的报告过程中，口若悬河，滔滔不绝，语言诙谐幽默但也铿锵有力。他的报告非常精彩，从一些发达国家现代教育技术的实施到现代新技术对中国教育的冲击，从快餐式网络文化到全球化信息技术的改革等，一共包含四个板块的内容：一是你差在哪儿？二是解放思想，转变观念。三是加强学习，与时俱进。四是全球化、信息化背景下教师应具有怎样的观念和能力。

李院长的许多观点发人深省，让我们回味无穷，如："目前八种人会被淘汰，分别是知识陈旧的人、知识单一的人、情商低下的人、心理脆弱的人、目光短浅的人、反应迟钝的人、单打独斗的人、不善学习的人。所以我们要不断学习，不断进步，做到与时俱进。""人生有两大悲哀，分别是结婚之后不再恋爱，毕业以后不再学习。""人生最大的罪恶是无知，最宝贵的财富是学习。""孔子与苏格拉底是世界上影响力很大的思想家、哲学家、教育家。""爱的前提是尊重，爱的途径是沟通，爱的智慧是欣赏，爱的艺术是宽容，爱的精髓是奉献。"

李院长还从哲学的角度，为大家诠释了什么是爱情，什么是生活，什么是幸福。他还告诉我们，全球化、信息化下教师的角色观要改变，教师要具有思想创生力、课程开发力、语言表达力，让我们的教室里保存美好的记忆，保持爱的温度，保持生命力的持久……

会场上笑声不断，掌声不息，老师们都深刻地感受到了李院长的才华与气魄、博学与优雅、诙谐与幽默。他指出，教师专业化成长中的关键要素是要有远大的理想、高尚的道德、渊博的知识、强健的体魄、完整的人格。他给我们文苑小学带来了如何让我们更幸福的秘诀。这次报告是李院长不顾身体劳累仍然坚持进行的，让我们感动的不仅是他的学术底蕴，还有他高尚的人格魅力。

一个半小时的时间，老师们感觉过得很快。相信我们文苑小学在教师的专业化成长道路上会更加努力，让幸福教育之花在文苑小学开得更加娇艳！

名师引领，幸福成长

春天是希望的季节，春天是浪漫的季节。开学伊始，我们学校请了齐鲁名师工程人选、山东省教育十大创新人物之一、山东省德育工作先进工作者、语文高级教师杨松银给全体老师作了一场题为《做一个有能量的教师》的精彩报告，老师们感慨颇深。

杨老师结合他的人生经历为老师们传道解惑，鼓励大家做一名充满正能量的教师，站稳讲台，站好讲台。教师要善于思考，关注细节，掌握教育教学的规律。按照规律做事，我们就会少走很多的弯路，我们很多事就会达到事半功倍的效果。他告诉老师："一个充满生命张力，热爱生命，热爱生活的老师，才会激活学生内心的火焰。教育，就是点燃学生内心的火焰。"杨老师告诉大家成长的四条路径，分别是："比"，和大师比较，和优秀教师比较，发现差距；"从"，有了差距，就跟从优秀的教师学习；"化"，把大师、优秀教师的智慧内化于心；"背"，学无止境，不断地背离就会不断地进步，进而形成自己的风格。比、从、化、背是一个不断成长的过程，就像太极旋转而上，对老师们有很好的指导、引领作用。

杨老师是一个热爱生活的人，是一个执着教育的人，他乐于读书，善于思考，勤于积累，勇于创新，他用教育的爱心、恒心与热心诠释了一个教育工作者的赤胆之心。本学期，全体文苑人团结合作、努力拼搏，撸起袖子加油干，展现幸福文苑人的风采。

态度决定行为，行为决定习惯，习惯决定命运。教师如何幸福地成长？要有积极的人生态度，要有执着的教育信念，要有不断学习的阳光心态。

让我们撑开创新思维的伞

创新思维是指以新颖、独特的方法解决问题的思维过程。利用这种思维，不仅能揭露客观事物的本质及其内部联系，而且还能在此基础上产生新颖、独创、具有明显社会意义的思维成果。有句话说得好："教育是事业，其意义在于奉献；教育是科学，其价值在于求真；教育是艺术，其生命在于创新。"创新是民族发展的基石。所以培养学生的创新思维能力是当前教育的关键。

当我们打开伞时，看到的是向四面延伸的伞架，共同支撑起一方天地，一角损坏，空间便小了一些。教育工作者的创新思维也要像撑开的伞一样，360 度地散开，体现创新思维的多向性、多元性，那孩子们将是受益无穷的。

在想象习作教学中，我们的老师进行了这样的尝试来培养孩子的创新思维能力。

一、聆听名曲，想象习作

给孩子们播放一些优美的乐曲，如贝多芬的《命运交响曲》、舒伯特的《小夜曲》以及钢琴曲《致爱丽丝》等，让孩子们随着优美的音乐进行想象，把想象到的情境写下来。孩子们想象的意境不同，写的内容就不同，还可以听名曲画风景，又会收获别样的精彩。

二、几个图形，创编故事

给孩子们不同的图案造型，如圆形、正方形、三角形等，让孩子们进行不同的组合，再进行创编习作，讲讲自己的创意。孩子们的创新思维在富有趣味的想象活动中得到培养。

三、几个词语，创编情节

利用生活中不相干的词语，如毛巾、汽车、小狗、田园、太阳等，让孩子们创编情节故事，孩子们非常感兴趣，一个个生动有趣的故事蓬勃而出，跃然纸上。

四、标点符号，总结生活

逗号、句号、引号、感叹号、冒号……这些小标点应如何使用呢？老师让孩子们借助于三到五个标点对小学生活进行描述，或描述一个阶段的小学生活，或描述小学六年的生活，孩子们写得也是妙趣横生，故事情节引人入胜。

五、手工制作，创编童话

借助于美术课、手工课上孩子们制作的手工作品，语文老师让孩子们进行这方面的习作，孩子们也是兴味盎然。开设游学课程时正值春天，让孩子们在春游时，通过唱春天、写春天、画春天、诵春天等不同的形式对春天进行赞美。我们开展活动时，都要让孩子们写一写，讲一讲，画一画。冬天下雪时，我们会借助于“雪”字拓展孩子们的创新思维，通过写雪、画雪、玩雪、诵雪、讲雪等多种不同的表达形式，让孩子们在不同的情境中进行创新性的学习，孩子们即兴而写，即兴而做，一举多得。

以学生思维拓展为核心的教学，能使学生全身心地投入，不但有利于拓展他们的知识，还有利于提高他们的能力，好的教师给学生的思维支架是变化延展的。

教育家陶行知说：“处处是创造之地，天天是创造之时，人人是创造之人。”创造、创新是一个永恒的主题。让我们做教育的有心人，让孩子们大胆去想，大胆去做，大胆去尝试，孩子们会创造出许多奇迹，我们的教育也一定会呈现一片大好风光！

景美人美教育美

——杭州印记

2016 年 12 月 4 日上午，历城区的 20 多位校长踏上了开往杭州的列车。一出杭州火车站，就感受到了杭州的温和气候，处处绿植，展现了杭州柔美、灵动、包容、典雅的特质。杭州在文人墨客的笔下更是多姿多彩，无限风情。明代王瀛《苏公堤》中“荫浓烟柳藏莺语，香散风花逐马蹄”的诗句，集中描写了苏堤醉人的景色。苏东坡的《饮湖上初晴后雨》中，“水光潋滟晴方好，山色空蒙雨亦奇。欲把西湖比西子，淡妆浓抹总相宜”道出了杭州西湖的柔美。“江南忆，最忆是杭州。山寺月中寻桂子，郡亭枕上看潮头。何日更重游？”写出了诗人白居易对杭州美景的难以忘怀。来到杭州，我们就为这湿润的气候、洁净的环境、优美的风景所陶醉，杭州的景色真美！

周一早上，采荷第一小学的司机老师早早就在楼下等候我们。我们经过大约 40 分钟的车程，来到了江干区的采荷第一小学。在校门口等候的是学校的副校长李老师和办公室王主任，他们态度亲切和善，带着我们参观了学校的文化建设。随后我们来到了南二楼会议室，只见王校长微笑着迎了过来。王校长看上去四十五六岁的样子，身穿一件中长款的深蓝色毛绒大衣，黑黑的披肩发，看上去优雅大气。在会议室里王校长亲切地问寒问暖，还问我们有何需求，结合我们的需求对挂职安排作了调整，随后王校长又为我们作了关于学校集团化管理模式的报告，尤其是学校在教师管理方面开展的每月“文明之星”的评选对我们启发很大：学校结合教学、管理、活动等情况对教师进行全面的考核与推选，各办公室推荐一个，最后领导班子再结合教师的工作事迹进行选拔，以此调动教师工作学习的积极性。王校长亲切地与我们交流，学校的其他老师也都是笑容可掬，孩子们也是文明问好，可爱无比，杭州的人真美！

杭州的教育更是美！这次培训我们有幸参加了“浙江省中小学教育质量综合评价改革培训”，一天半的时间，我们听取了近十个报告，有专家层面的中国教育学会主任和浙江省教研室主任的报告，也有基础层面的各学校校长的讲座，我们如醍醐灌顶，受益匪浅。

但给我印象最深的是采荷第二小学的校长所作的报告《培养个性化的和乐少年》。杭州采荷第二小学是一所面向国际，传承“和”文化，推进现代化，全力打造全国一流的教育国际化的示范学校。学校顺应 G20 峰会的时代要求，体现了当地教育改革的勇者风采。

采荷第二小学从“和乐少年”的整体设计出发，2009 年提出概念，课题引领；2010 年拓宽途径，成立银行；2014 年完善标准，指向具体；2015 年推出特色手册，助力成长。“和乐少年”的综合系统包括三个指向，分别是文雅少年、灵动少年、阳光少年；每个指向又分为五个标准。文雅少年为懂礼仪、懂穿戴、懂自主、懂关爱、懂感恩；灵动少年为善倾听、善合作、善阅读、善质疑、善实践；阳光少年为心情好、沟通好、锻炼好、身体好、自护好。此外，通过“好习惯银行”“采二之星”“三星杯评比”“六大校园节”“新六一课程”“德育乐课程”“缤纷社团”来开展活动。学校还结合孩子的评价制作了精美的学生成长手册，使老师对孩子们的评价更加细致、具体，操作很有针对性。采荷二小多姿多彩的评价方式给了孩子们许多自信与快乐。

“给每一个孩子一个美丽的约定”，这是临海市哲商现代实验学校针对学生评价的“协约行动”，它包括找准发展目标的签约、拓展课程平台的履约、指导个性发展的促约、加强成功体验的展约、激励持续发展的奖约以及具有科学导向的评约六个方面，体现了全方面关注学生的办学宗旨，独具匠心。

杭州长江实验小学的“基于雷达图的学生个性化评价”更令我们惊叹不已，它是一种通过提取雷达图的特征向量，采取特定的综合评价函数，用评价函数值的大小对应评价对象的综合评价措施，形式新颖，数据合理。

“它山之石，可以攻玉。”在学习之余，反思我们文苑小学的学生评价，是基于核心素养下的学生多元评价。我们结合学生的“文明、乐学、善思、助人”行为分别设计了“梅、兰、竹、菊”四枚星愿卡，每项内容取得 5 颗星，就可获得相对应的星愿卡。“梅、兰、竹、菊”合计 20 枚星愿卡才能获取一枚金星章，5 枚金星章可换取一枚幸福章。每周一小评比，每月一大评比，在升旗仪式上进行颁奖。孩子们在多元评价的过程中体验到个性发展带给他们的快乐。

在评价改革之路上，我们也存在着困惑与不足，但只要我们有敢立潮头的勇气，有不怕浪大的决心，总会走向成功的。正如惠特尼所说：“如果你没有经历那个混沌、彷徨的阶段，也许你永远都不会在生活中灵活地、真正地改变你的一些观点。”在教育的关口多一些耐心吧！我们会聆听到花开的声音，会观赏到每只鸟入林的美景，会看到每一张开心的笑脸，会看到教育之花开得更加绚烂。

本土化改变，现代化发展

——参观丁信小学有感

在浙江省杭州市江干区（现改为上城区）有这样一所学校，该校建于 2015 年，地处江干区丁兰街道，名为丁信小学。“丁”字为纪念“二十四孝”之一的孝女丁兰而取，“信”字则取自一种名叫风信子的花。12 月 12 日，我们小组学员有幸来到该校参观。一进校门，就看到门口正对着一个喷池，石板上还雕刻着“童真”二字，周围有几个可爱的小鸽子雕塑相伴，充满了童趣、童真，两侧则是大气别致的教学楼。池校长带着我们参观了学校的文化建设，介绍了学校的智慧班牌、云桌面、智慧图书馆等。通过跟校长交谈，我们了解到目前丁信小学有7 个教学班，有一、二两个年级，总共 20 个班的规模，教师共有 22 位。学校整合了教育空间,学生的一卡通实现了学生阅读、考勤、评价、管理的一体化。

一、图书智慧管理系统

在智慧图书馆中,学生可以自主借阅,只要把图书放到展台上,电脑可自动显示书本的名称、书架号等信息。学生读完后可以自行还书到原书架,节省了人力物力,锻炼了学生的自主管理能力。智慧图书馆还计划实现与杭州图书馆的对接,以实现图书资源的共享。

二、班级电子牌

班级电子牌融入了教师简介、课程表、班级评价、温馨提示等内容,通过这个平台,家长可以提供自己孩子的信息,也可以了解孩子在学校的基本情况,增进了家校之间的沟通,为孩子们的成长打下了坚实的基础。

三、云桌面

学校的网络中心由第三方来提供服务,这样学校既省去了买电脑和网络维护的费用,又提高了效率,用池校长的话说就是:“学校买的是服务,而不是硬件,硬件是可以淘汰的,服务可以是长久的。”池校长一直坚守智慧校园的三原则:无关不用,无难不用,无效不用。

学校文化是学校的灵魂,它凝聚了全校师生共同的价值观、共同的信念、共同的愿景、共同的努力方向。

丁信小学是采荷第一小学教育集团下属的一所小学,作为集团新办的一所学校,学校文化创建的问题、传承与创新的关系问题,是需要认真思考与解决的。丁信小学进行了传承与创造,主要表现在:

第一,学校文化的传承。丁信小学作为采荷第一小学的分校区,在管理制度上以继承为主,并结合学校实际情况进行了修改与完善,为学校的发展服务。

第二,教学评价的改变。该校的教学评价增加了过程性检测,德育活动方面,在注重节日主题活动的基础上,增加了“风信美德宝”的德育评价体系,促进了学生个性化的发展,也体现了学校的办学特色,实现了学校的继承与创新。

第三,智慧校园的创新。学校整合了各种平台,打造出具有学校特色的智慧校园。丁信小学在智慧校园建设方面创造了三个“第一”,分别是:全市第一个智慧班牌、全市第一个云桌面、全区第一个智慧图书馆，体现了现代化办学的理念。

教育需要童心，教育需要智慧，教育需要现代化，让我们时刻保持一颗纯真的童心，从孩子的视角出发，用自己的智慧去发现、去创造，让孩子们真正体验到校园生活的快乐。

聆听名师课堂，心情自然欢畅

江洪春老师是山东省特级教师，原济南市语文教研员，他诙谐幽默的讲话风格、旁征博引的渊博学识、气势磅礴的大将风范，给我们留下了深刻的印象。接到江老师要到南全福小学参加语文教学指导的通知后，尽管事务繁多，我还是挤时间参加了此项活动。

在这次活动中，我们首先聆听了三位名师的语文课堂教学，分别是南全福小学王扬老师执教的《掌声》，洪家楼第三小学韩芳老师执教的作文课《游戏的启示》，洪家楼第二小学苏晗老师执教的《乡下人家》。总体来看，三节课都很不错。王扬是一位刚工作 2 年的年轻教师，她上课的特点是：首尾呼应，训练到位，学法多样，重点突出，但是如果注重学生语感的培养会更好。韩芳是从教 20 多年的有经验的骨干教师，她的课如行云流水，自然流畅，从词语积累关到单元跨栏关，从眼力比拼关到合作操作关，从细心观察关到认真写作关，环环相扣，层层推进，富有创意，生动有趣，孩子们学得也是兴味盎然，这样孩子们从喜欢的游戏中，自然而然地学会了写作。苏晗老师的课也是别具特色，从美景四字词语的对照朗读到词语不同方式的理解，从重点问题的出示到学生自学方式的指导，从条理清晰的板书设计到对文本理解的整体把握，都给我们很好的启示。

江老师的精彩点评给了我很大的启发与指导。他谈道：我们教师一定要依据课程标准评课，依据教材来评课，在课堂上要关注学生的发展有没有提高，看教学目标是否符合年级要求，并且得到落实，引导学生学会语言文字的运用等。在后面评课的过程中，江老师非常细致，指导到位，从课件的字体设计到一段文字的开头要空两个格，从重点段的把握到文章的概括等等，都给我们很大的指导。

总之，聆听名师课堂，感觉心情格外欢畅。

聆听专家报告，领悟管理之道

2018年2月，我有幸聆听了北京教育学院的陈丽院长的报告《学校发展策划专题研究》，对我启发很大。

所谓学校发展定位，就是确定本校发展的、与众不同的竞争优势以及与此相联系的在社会公众心目中的独特地位，使社会公众正确识别并理解本校有别于其他学校的典型特征。学校发展定位策划，则是指在分析学校所具有的相对竞争优势的基础上，审时度势，提出学校的确切定位和发展策略，并制定具体措施，以促成学校发展定位的创造性活动。

一、中小学发展定位常用策略

（一）特色定位策略

一些经历了规范化发展阶段的学校，为寻求新的突破，在进行学校发展定位策划时可采取特色定位策略，譬如，将本校定位成绘画特色校、体育特色校、英语特色校、科技特色校等。学校采取特色发展定位策略，特点鲜明，优势集中，容易吸引大批有此需求的学生。

一些新建或合并的学校在进行发展定位策划时也可以运用这种策略，如北京市宣武区外语实验学校。该校原为发展水平不高的南菜园中学，前几年与一所职业学校合并后，发展亦举步维艰。后来，该校通过充分的调研分析，发现北京对人才的外语素养要求越来越高，家长与学生也十分重视外语学习。虽然周边有外语教学水平较高的学校，但整个宣武区并没有专门的外语特色校。就本校情况而言，合并来的职业学校原本设有涉外教育专业，且外语师资力量较强。于是该校运用特色定位策略，把外语教学列为核心竞争优势，将学校定位于外语特色校，并将校名改为外语实验学校。同时，该校还在教育教学等方面采取了一系列改革措施，以此凸显和扩大这种核心竞争优势。目前该校发展势头良好。

（二）空当定位策略

空当定位策略指的是学校要寻找为学生和家长所重视，但尚未被占领的教育细分市场。空当定位策略是商界常用的一种定位策略，如美国德芙巧克力具有“只溶在口，不溶在手”的特点，填补了同类产品的空白，取得了良好的经济效益。学校在新建、合并、寻求新发展机遇等重要时期，都可以采用该策略。

（三）首席定位策略

首席定位策略是指学校追求在同类学校中领导者地位的发展定位策略，这种策略可以根据具体情况来操作。发展水平处于上游的品牌学校，可进一步追求成为全国领先校乃至世界一流名校的目标；发展水平中等偏上的品牌学校，可追求成为全省、全市同类学校中的首席；发展水平居中者，可追求成为本地区、本县同类学校中的首席；再次者可追求成为本学片同类学校中的首席。这种定位策略，一般适用于寻求新的发展机会、具有一定实力基础的学校。一般的中小学在运用此定位策略时，可以采取凸显某种核心竞争优势的办法，争取在同类学校中占据某一方面（如德育、数学教育、寄宿教育）的领先位置，进而占领该方面的教育市场。

（四）高级俱乐部（联邦团体）定位策略

高级俱乐部定位策略，即强调学校是某一声誉良好的小团体内部成员之一的定位策略。企业界常采取这种定位策略，如美国克莱斯勒汽车公司宣称自己是美国三大汽车公司之一，因此，克莱斯勒在人们的印象中，被塑造成了与通用公司、福特公司齐名的形象。一所学校如果不能成为同类学校中的首席，或不具备某种显著特色，那么采取这种策略不失为一种良策。有的学校将自己定位成一类学校或二类学校，就采取了这种策略。

一所学校在进行发展定位策划时，可能同时采用特色定位策略、空当定位策略、首席定位策略在内的多种定位策略。这样一来，学校的发展定位就能更饱满、更立体，也更能全面地展现学校的核心竞争力。需要注意的是，在运用多种定位策略时，切忌定位繁杂，因为过于冗杂累赘的定位，反而给学生和家长迅速准确地识别学校增加了难度，给人留下核心竞争优势不突出、无代表性的印象。

中小学在发展定位选择时有许多参考，除了以上常用的几种，还有附定位、理念定位等策略也值得尝试。那么在学校发展中，如何对学校进行定位策划呢？

二、发展定位策划步骤

（一）分析学校发展的相对竞争优势

相对竞争优势主要包括潜在优势和显性优势。分析学校发展的相对竞争优势必须在分析教育市场、学生和家长、竞争学校、学校自身基础的前提下进行，切忌主观臆想。

1.教育市场分析

教育市场分析可以从以下几方面进行：教育市场（范围可以考虑本片、本区或者本市）中同类学校的数量、最受家长与学生欢迎的学校及原因、最有竞争力并且可以成为本校竞争对手的学校、教育市场发展空缺（包括生源情况）、教育市场倡导的教育理念与教育行为政策对教育市场的影响等。

2.家长与学生分析

分析内容可以包括家长与学生在选择学校时的主要倾向、不同的家长与学生群体的选择倾向、家长与学生的主要需求、家长与学生主要的需求心理、家长与学生哪些需求得到了其他学校的满足、家长与学生哪些需求还没有得到其他学校的满足、家长与学生对本学校的印象以及家长与学生选择本学校的动机等。

3.竞争学校分析

主要确定在教育市场上的主要竞争学校，分析竞争学校的定位策略、定位效果、实现其定位的措施、优势与弱点、为本校留下什么样的定位机会等。

4.学校自身发展优势分析

分析内容主要包括本校核心优势（包括地理位置、学校传统、政策、教育教学质量、学校管理等优势在内的潜在优势与显性优势）、本校与竞争学校的不同点、哪些不同点能够成为真正的优势点等。在进行这些分析后，即可基本确定本校相较于同类学校具有哪些可以利用的竞争优势。

（二）运用定位策略，准确选择相对核心竞争优势

相对竞争优势反映学校胜过竞争对手的能力，这种能力既可以是显性的，

也可以是潜在的。准确地选择相对核心竞争优势是学校发展定位策划的核心环节。学校发展定位作为一个完整的系统,其中发展理念定位是核心。围绕学校发展理念,还需要进行生源定位、学生发展目标定位、教育教学质量与特色定位、教师形象定位、管理者形象定位、学校规模定位、宣传定位等。

在该阶段的策划中,我们应注意以下几点:

1.突出个性

任何学校都有自己的个性,强烈、鲜明的办学风格和独特的校园魅力,是使社会公众对学校产生深刻印象的前提。学校定位只有充分反映和展示自己的个性,才能使学校具有很强的识别性、易记忆性,这个定位才可能顺利生效。突出个性要求学校在确定发展定位时力戒雷同化、趋同化。

2.公众认同

准确地为学校发展定位,一是为了提高学校的知名度与美誉度,进而提高学校的核心竞争力;二是为了争取家长与学生对学校更多的认同,保持现有家长与学生群体的稳定。因此,学校发展定位一定要符合社会公众的物质需求和心理需求,获得社会公众的认同。

3.现实可行

学校在进行发展定位时,应充分考虑学校的原有形象和现有或潜在资源的状况。也就是说,学校发展定位必须从实际出发,不能好高骛远、盲目攀比,要确定一个符合学校最高发展水平的发展目标,而非一个无法实现的梦想。

(三)制定措施,实现定位

策划与“点子”的一个重要区别就是策划具有可操作性。学校在确定发展定位后,需制定一系列有效措施,挖掘并放大学校的核心竞争优势,以保证学校能够实现发展定位。在定位策划时,一般要从以下两方面制定措施:

1.制定学校内部改革措施

学校发展定位是在分析本校相对竞争优势的基础上确定的。学校要把这些相对竞争优势变成显性、放大的核心竞争力,需要进行相关的内部改革。一方面,要挖掘原有的相对竞争优势;另一方面,要创造新的相对竞争优势。如某校采取特色定位策略,将本校定位于外语特色校,就应该在分析学校在外语特色方面的优势与不足、困难与机遇的基础上,制定相应的内部改革措施,可增强外语师资力量,开设第二或第三外语科目,成立外语剧社等。同时,在学校视觉识别、理念识别与行为识别中都应特别注意体现外语特色。

2.与外界沟通，展示学校发展定位

一般来说，我国公立中小学在确定学校发展定位时，都需要经过上级主管部门的认可。所以，学校在进行定位策划时，一定要与上级主管部门多沟通，必要时，应向其提交完善的论证报告。同时，学校还要采取措施加强与外界的沟通，如通过媒体报道、发表学术论文、展示定位效果等措施，达到向社会公众准确传递独特定位，使社会公众对学校定位产生明确认知并留下良好印象的目的。除此之外，学校还应制定预警措施，及时发现与纠正社会公众对学校发展定位的理解偏差或由于定位宣传失误而造成的认知混乱模糊。

聆听专家的报告使我受益匪浅，在学校管理方面有醍醐灌顶、茅塞顿开之感，对于学校发展方向也有了进一步的思考。祝愿学校在未来的发展道路上不断提高办学质量，开创新风格，开启新篇章！

名家课堂精彩纷呈，见贤思齐促进成长

连续工作了12天，深感疲惫的我，还是抵挡不住陶继新老师主持的全国名家盛会的诱惑，毅然放弃周末休息时间，于周六来到了济南商贸学校的会场，参加全国第五届名家人文教育高端论坛活动。

只用一天的时间，就能聆听六节精彩的课堂，实在令人欣喜。上午听了虞大明老师执教的《麦哨》和《珍珠鸟》，管建刚老师执教的《滴水穿石的启示》；下午又聆听了陈琴老师执教的《木瓜》，戴建荣老师执教的《揠苗助长》，还有张岩老师执教的《太阳是大家的》。5位老师的课堂真是精彩纷呈，各有千秋。

虞老师讲课不拘一格，从导课名字的趣谈到预习方法的指导，从整篇文章的把握到学生活动的探索，从陪伴学生进行文本解读到指导学生写作方法，从教习麦哨的吹法到引导学生声音标点的恰当运用，从理解茅茅针的采集到表演茅茅针吮吸等等，这堂课在虞老师的巧妙构思下，上得其乐融融，孩子们感受到的是学习的快乐与幸福。

管老师在执教《滴水穿石的启示》时，让我们感受到他不仅是在教内容，也

是在教孩子们如何学习，更是在引导孩子们如何做人，树立何种正确的价值观，如何对生活专心致志，对梦想持之以恒。

下午，在陈琴老师的《木瓜》一课上，会场的掌声更是此起彼伏。她独特的吟诵教学法，使整个会场成了一个强大的磁场。我们也在不知不觉中附和着陈老师的吟诵，一起思考，一起感悟。下课后孩子们还依依不舍，不肯离去，老师们还觉得余音绕梁，感叹时短。正是由于陈老师敢于革新教学方式的勇气，才满足了孩子们的学习欲望。陈老师的学生经过6年经典“素读”训练后，个个都能达到“背诵十万字，读破百部书，写下千万言”的学习水平。《弟子规》《三字经》《千字文》《声律启蒙》《大学》《中庸》《论语》《老子》《飞鸟集》等经典名篇全都背得滚瓜烂熟。此外，学生们在吟诵法的熏陶下，都能熟背400多首古诗词。6年的学习里，陈老师的学生平均年阅读量达到300册。

《揠苗助长》一课，我们通过戴建荣老师丰富生动的表情，看到他对课文故事的理解。戴建荣老师引导孩子学会讲故事，学会学习，他用独特的教学风格，给我们带来一场表演艺术家水平的课程体验。

张岩老师执教的《太阳是大家的》，让我们感受到整体教学的美感、质感，这堂课的教与学浑然天成，和谐统一。

总之，5位名家为我们呈现了精彩的课堂教学，使我们领略到他们的异样风采，更加明确了语文教学的方向，坚定了提升自身素质的决心，更加懂得了让孩子们在课堂上学之快乐、学之有效的方法。

在课堂教学中，老师要有一双慧眼，随时关注学生的学习状态，调整自己的教学策略，实现师生情感的自然交融，让课堂焕发生命的活力，使师生共享教育的成果。

感谢陶老师！您为这次活动花费了许多心血。感谢执教老师们！感谢承办的所有单位！

这真是：

名家汇集名泉城，
教学论坛显神通，
学习敬佩油然生，
孩子快乐责任重！

感动与震撼，思考与实践

一天上午，我们“三名工程”协作组的成员来到了洪家楼第三小学，参加该校的活动。学校为我们展示了两节班会课：一是郭霞老师的“中国梦，我寻我梦，放飞梦想”主题班会，二是邢建梅老师带来的《带上爱起航》主题班会。

在“中国梦，我寻我梦，放飞梦想”主题班会上，郭霞老师首先播放了一段视频，讲述了残疾人林孟横奋发成才的故事。接着郭老师让孩子们说说观看感受，谈自己的梦想。孩子们有的想当海军，有的想当设计师，有的想当教师，讨论得热火朝天。郭老师趁机谈到自己的想法——珍惜现在，与孩子们一起成长。

随后由4名同学朗诵诗歌《理想》，孩子们声情并茂，配合默契；紧接着有同学表演双人相声《谈理想》，引得大家哈哈大笑；在欣赏完精彩的表演之后，再让孩子们结合自己的实际学习情况，谈梦想该如何落实。老师还分享了两个意义深远的故事，分别是《苏格拉底甩手的故事》和《长成一颗珠子》，孩子们听完也很积极地分享了感悟和收获，最后由郭老师作了全面有力、富有针对性的总结：作为一名学生，要想成为一颗珍珠，成为一个有价值的人，有一条途径是最重要的，那就是坚持不懈的努力。

最后，全班齐唱了歌曲《我的未来不是梦》，气氛达到了高潮。班会尾声，郭老师让孩子们说说自己的座右铭并完成了本节课的内容、思想总结，结束了这场精彩的班会。整节班会富有时代气息，授课方式和内容都与时俱进，孩子们的表达也充满了自信。

第二节主题班会《带上爱起航》也是别具特色，该班会由邢老师主持。班会内容被划分为三个篇章。第一篇章是“那些年，那些人，那些事”。邢老师播放了自制的配乐幻灯片，展示了6年来校园生活的许多画面，包括孩子们读书演讲、节日庆祝、大课间、秋游等，让孩子们看后说出自己的感受。

第二篇章是“感动六四”颁奖典礼，奖项名称有：感动六年级四班的无私奉献奖、品德高尚奖、带动学习奖。邢老师还借助《感动中国》电视节目的表现形式设计了颁奖词、获奖人发言环节，也让其他学生来说一下获奖人的事迹。

第三篇章是“细诉我心声”，让孩子们说说自己对老师、对学校有什么样的感情。表达方式十分多样，有诗歌朗诵、舞蹈、教师回顾等。该班会大气独特，真情涌动，具备针对性、有效性，符合六年级学生的学习、年龄特点。

班会预留了足够的交流时间，由主任和几位校长分享观会心得。韩主任对主题班会作出了点评，并且分享了自己对于班会的认识和理解，强调了组织班会的几种参考形式，分别是讲授式、问题式、表演式、战士式、竞赛式、辩论式、实践式和游戏体验式。随后是苏校长针对学校的“书礼文化”教育特色，为我们作了有关校园建设的重要汇报。他对书香校园的建设历程如数家珍，在洪家楼第三小学特色建设的道路上，校长和诸位老师都付出了许多的心血。谷校长也给了我们很多指导意见，他结合孔子的“仁者不忧，智者不惑，勇者不惧”的观点，谈到了他对校方办学方式的深刻认识，对我们今后开展教育工作很有指导意义。

我在感动、震撼之余，也进行了深入的思考，今后应当努力履行教育义务，和老师们共同努力，在学校的特色建设道路上留下坚实的脚印。

怀揣幸福梦想，开创学校辉煌

近日，我区小学校长和后备干部们在历城区进修学校聆听了清华大学继续教育学院心理教育项目主持、北大教育发展研究中心首席专家、北京教育心理学研究会理事陈纪英教授的报告——《重视学校心理健康教育，促进教育教学管理工作》，受益匪浅。

陈教授虽年近七旬，但仍气度轩昂，精神焕发，她亲切慈祥的微笑，丰富翔实的资料，幽默诙谐的报告风格，给我们留下了深刻印象。会场上不时爆发出的阵阵掌声、笑声，无不表达着大家对陈老师的敬佩之情。

陈教授从心理健康教育到学生成长过程中的身心变化，从学校心理工作的地位、方式到心理健康教育在教育教学中的重要意义，大约用了 3 个小时为我们作出了深刻的解读。

青少年学生心理健康的判断标准有：智力正常，情绪适应，意志健全，人格统一，人际关系和谐，与社会提出的基本要求协调一致，心理特点与年龄阶段相符。教师心理健康的标准则是：对现实有良好的反应，要做到了解自己，有比较明确的自我认识；善于与人相处，建立良好的人际关系；情绪乐观，自尊、自制；乐于学习与工作，重视时间效益。这些都是与青少年健康成长密切相关的重要因素。

报告还进一步明确了教师成长的自然规律。每个教师的成长都一定程度上遵循着这样的规律：刚开始工作时处于新手期，工作 2～3 年是新手熟练型，3～4 年属胜任型，5 年左右属业务精湛型，若干年后成为专家型。我们要遵循教育规律，锤炼自我，努力提升教育能力，使自己尽快成长起来。

陈教授还告诉我们上好课的关键因素：心中有情，目中有人，胸中有智，手中有法。一节好课的判断标准，即人在课中，课在人中；人如其课，课如其人；人即是课，课即是人。一节好课还需要具备“三力”，分别是张力、磁力、激荡力。

精彩的报告，丰富的内容，生动的案例，深刻的启迪，都给我们今后的教学工作以深刻指导。这真是有思路才有出路，有眼界才有境界。

河北省礼仪特级教师、河北省任丘教体局文明礼仪办公室主任贝老师的报告也是异常精彩，报告题目是《富有魅力的德育——校园礼仪实践研究》。贝老师从礼仪课程内容的界定、解读以及课程实践效果三个方面，结合自身的教育体会和形象生动的教学案例，详细介绍了礼仪教育结合德育和学科教育的有关做法，让听者受益颇深。

一所学校，因为有一群人为着共同的目标努力而成功，在合作成就教育事业的过程中，能够形成一种强大的合力。教育生活充满了美好和感动，让我们迎着明媚的阳光，怀揣幸福的教育梦想，与老师们共同走在教育事业的康庄大道上，一起开创文苑小学的新辉煌！

撷众人智慧，促自我成长

2018 年 1 月 21 日上午，普通高中“名校长培养计划”人选考核认定工作在历城五中会议室如期举行，教育局副局长李殿杰，原进修学校韩乃旭校长、李军主任、苑晓虎主任参加了这次活动。首先由原五中校长高一鸣发言，他提出了校长成长的七个维度，对我们启发很大，有很强的指导作用。

这七个维度分别是：如何凝聚人心，抓好班子教师队伍建设；如何搭建平台，引领师生发展；校长要做一位教学专家，使学校有教学文化；构建有效的教学活动，引领学校德育活动；构建学科组建设；校长要有一定的科研意识和较高的科研水平；引领好学校的特色建设。

随后，10位校长分别总结了自己的工作室在今年的开展情况，真是各具特色。董家中学的王校长加强了对教师的引领培训。遥墙中学的刘校长在抓好学生管理方面，注重唤醒学生的自主发展意识，提高学生的自我管理能力，具体措施有：初三学生放出来，图书室用起来，励志电影看起来，励志演讲讲起来，课外活动动起来。柳埠中学宗校长在引领教师读书上也做了大量的工作。北全福小学王校长的"借势发展"一说对我们启发很大，王校长借助于社会媒体的优势，加强指导，把学校的"金话筒"等学生社团搞得有声有色。唐王镇中心小学的刘校长结合当地实际环境，开设了独特的地方课程。十里堡小学的湛校长和师生们努力营造学习气氛浓郁的书香校园，力求做最好的自己。此外还有王舍人第二实验小学徐校长讲述的书法教育，临港鸭旺口小学田校长对学校课程"辛弃疾诗词"的开发，港沟中心小学薛校长娓娓道来关于立足民俗、文化育人的课程开发，五中高校长结合学校"三自一新"的办学理念构建扎实有效的教学文化等发言，都对我们启发很大。教师们从备课、上课、课件、作业辅导上下足功夫，在导入学习、自主学习、合作学习、应用学习四环节上完善运作。

然后，3位指导校长——三中的王永军校长、洪家楼小学的谷长新校长、稼轩中学的高玉岱校长对会议内容进行了点评。话题总结有高度，有深度，有厚度，问题分析有思想，有内涵，有跨度。王校长的"三化"（行为化、课题化、行动化），"三关注"（关注名家引领、关注制度建设、关注学校规划）；谷校长的"三善于"（善于学习、善于思考、善于借势），"三有"（有追求、有热情、有恒心），"三抓"（抓主线发展、抓科研发展、抓特色发展）；高校长的有创意、有高度、有实绩等，都给了我们很大的指导作用，也是对我们校长的勉励。

李副局长又给我们提出了指导性的建议：首先要做一名会学习的校长，不但要学书本，还要学当前形势，汲取营养精华，来引领学校的发展；其次是做一名会创新的校长，要处理好继承与创新的关系；再次是做一名会实干的校长；最后是做一名严谨的校长，要慎用权力。

最后进修学校的韩校长、李主任又给我们提出了工作要求：加强学习，不断反思，注重提升，使学校的发展再上新台阶。

一上午的活动，我们感觉充实而有意义。我们深知，一所学校的发展不能没有一个好校长的引领，一支高水平的班子队伍，一个高素质的教师群体，一群可爱活泼、乐学上进的孩子以及支持学校发展的家长、社会人士。

“路漫漫其修远兮，吾将上下而求索。”在今后的工作和生活中，我将与师生们一起前行，仰望星空，怀揣梦想，立足当下，踏地留痕，使学校的明天更加幸福美好！

做一名快乐的学习反思者

阳光明媚，春日融融，我们历城区 30 位校长、后备干部于 2018 年 4 月 8 日下午来到上海，参加跟岗实践研修培训。4 月 9 日上午，我们在华东师范大学听取了郑金洲教授的报告《学校内涵发展的理念与实践》。郑教授从学校内涵发展到学校发展愿景，从内涵发展的方向到内涵发展的基本要素，为我们作了一场颇有指导价值的精彩报告。

郑教授在报告中讲到内涵发展的基本要素——课堂、课程、教师、学生，认为教师是一个创意设计者、文化相对论者、信息整合者、终身学习者、反思研究者、道德示范者。

下面我将结合这些年来在工作中的心得体会，谈谈学校如何引领教师做一名快乐的学习反思者。

一、校长引领带动，注重学习反思

校长作为学校的领导者，应该是一位心中有爱的仁者、博学多识的智者、不断总结的反思者。为了提高自身的综合素养，带动教师积极地学习反思，我每日坚持“五个一”活动，即每天读一篇万字文、写一份三百言、思一个金点、诵一篇美文、背一首诗作。每年至少为老师们推荐 20 篇美文，撰写读书笔记、教育随笔、幸福絮语上百篇，一年字数达10万多字，参加培训、教研活动不少于40次，听课不少于80节，多次在国家、省、市活动中作典型发言，撰写的多篇论文刊登在国家、省、市级刊物上。

二、拓展学习渠道，教师幸福成长

（一）专业引领，"取法乎上"

我们多次邀请全国省市专家、名师来我校指导。我们还在线上组织教师观看了李镇西、魏书生、王纮琦等名师的分享报告，及时撰写博文，发表评论，请进专家名师引导教师发展。

（二）读书交流，润育师德

2016年4月份，学校掀起了学雷夫老师的热潮。工作室成员李华娟在博客上作了分享和互动，学校还组织老师观看了雷夫的报告视频，老师们及时撰写感悟；购买雷夫《第56号教室的奇迹》一书，开展"养心阁"读书交流会。2019年下学期，我们又组织老师学习了《论语》以及其他国学经典等，老师们一遍遍吟诵，一次次咀嚼，反复体会孔子伟大的教育思想和高尚的人文情怀。

（三）反哺督促，反思提升

郑教授在报告中讲到，下一代教育上一代，正是一种反哺现象，孩子们的行为表现、学习积极性都是督促教师自我反思的有效反馈。

美国心理学家加德纳曾说过，一个人的成长＝经验＋反思，子曰"学而不思则罔，思而不学则殆"，都说明只有在学习中不断反思，在工作中不断总结，在实践中不断积累，我们的学习力、反思力、凝聚力才会越来越强，综合素养才会越来越高，孩子的成长也会越来越快。

之后，陈默教授也给我们分享了生动形象的典型案例。在《提升教师素养，关注学生成长》这篇报告中她与大家探讨儿童、教师的心理健康以及师生沟通、家校沟通的方法策略等，对我们很有指导意义，也让我们感觉到一个学生的成长与教师素质、家长修养有着很大的关联。

总之，两场报告使我们如沐春风，如饮香茗，如品佳肴，虽说教育改革的道路是漫长的、曲折的，但"长风破浪会有时，直挂云帆济沧海"，只要我们始终保持一种教育的激情与热情，不断地学习与反思，践行先进教育理念，提升个人修养，教育的明天就会更加灿烂多彩！

关注细节，生发创意

上海特级教师周飞的报告《教学设计与资源开发》给我的教育教学以很大的启发。他的报告设计新颖，视角独特，创意突出；教学各环节衔接流畅，设计妥帖，备课时未成曲调先有情，上课时妙语连珠、趣味横生，作业布置体现了“纸上得来终觉浅”，辅导工作如“大珠小珠落玉盘”，总结评价如“吹尽狂沙始到金”。他的教学示范如导游的阐释，给我们的工作选择提供了许多的参考，也带给我们很多的思考。周老师补充了大量有关胡适的资料，他备课时注重以形象的画面、丰厚的资料来辅助阐释有关问题，用这样绘声绘色的讲述代替单调苦涩的文字，既能使教师教得开心，又能让孩子们学得快乐，这样的教学还会不高效吗？

吴老师在执教五年级品社课的主题活动“身边的农业”时，引导学生借助合作探究的方式，研究自己喜欢的种植业产品，发现大多数学生都喜欢水果，于是吴老师就决定让学生先探究水果类，并且将调查结果写成研究报告。如此一来，孩子们在探究的过程中既能体验自发式学习的快乐，又能在实践中掌握有关知识，不再局限于课本内容。这样的课程设计，是老师对细节点的合理利用，有利于培养孩子的问题求索能力。

第一，探究体验快乐。首先，让孩子们自由组队，给自己的小组起一个有个性、有特色的名字。他们商量之后，组成了“水果飘香”小队、“瓜园满满”小队、“乐雨萱然”小队等，真是有创造力。孩子们自行分工，有的负责调查询问，有的负责查阅资料，有的负责组织文字，还有的负责统一安排，多数小队都能够搜集到比较全面的资料，在调查访问的过程中，也体会到与人交流的快乐以及科研实践人员的不易。随后各小队又进行了展示汇报，只见他们跃跃欲试，纷纷展示自己小队的最终成果。展示汇报时，每个人都有各自的身份，有主讲人，有分述者，还有专门负责总结、发表感受的。其他小组的成员可以对他们的工作进行评价，这样孩子们在相互欣赏、指点中共同提高，共同感受探究的乐趣。

第二，习作体验幸福。为了让孩子们更好地完成这一部分的学习，我们还向学生征集水果类作文、诗歌，孩子们兴味盎然，纷纷动笔，学习热情高涨。

第三，手工体验乐趣。孩子们都比较喜欢动手操作，因为他们在手工过程中会有很强的参与感和较高的专注度。为了借此机会培养孩子的综合能力，老师引导学生把自己喜欢的水果以手工艺品的形式呈现，做成拼贴画、毛线画或其他有趣的作品。孩子们在动手实践中交流经验，分享成果，边玩边学，乐此不疲。一个个生动的探究故事，一篇篇精彩的习作文章，一件件精巧的手工制作，都承载着孩子们无尽的创造才能。这样的教学探究还会没有效果吗？

愿我们努力做教育的有心人，时时关注学生的学习状态，及时捕捉能够培养学生各种能力的契机，使学生们在探究中体验快乐，在实践中体验幸福！

由“太湖石评课法”想到的

上海师范大学客座教授、上海市优秀校长高纪良风趣幽默、系统全面、形式多样的报告风格给我们震撼与启发。尤其是高教授讲到的“太湖石评课法”，引起我深深的思考。

“太湖石评课法”指的是六个字，分别是“透、瘦、漏、秀、修、皱”。“透”，就是教师在教学过程中应吃透教材，参透文字背后作者所表达的思想情感；研究学生要透，做到因材施教，有的放矢，以此提高教学的有效性。“瘦”，就是教学结构要瘦，整体框架简洁明了，清晰干练。“漏”，就是在教学的过程中，要漏掉不必要的环节，做好内容的筛选，体现教学过程重点突出，难点突破，不要旁逸斜出；更重要的是课堂教学要给孩子们留下思维的空间、活动的时间，体现学生在教育环节中的主体性。“秀”，就是体现教学特色，秀出氛围的人气，秀出风格的大气。“修”，就是在教学的过程中要对教学行为、教育方式、教学内容等不断修改完善，以此促进师生健康全面的成长。“皱”，就是教学要做到起承转合，有情趣，有悬念，有波澜，使学生的学习有兴奋点，有生发点，有思考点，呈现出凤头、猪肚、豹尾的态势。教学是门艺术，教学要把握好节奏，演奏一场有前奏、有高潮、有结尾的交响乐。

叶澜教授谈到一节好课要体现扎实有意义、充实有效率、厚实有生成、平实有常态、真实有缺憾的特点。

教学是一门艺术，教授要声情并茂，教法要寓教于乐，内容要深入浅出，效果要生动高效，氛围要轻松和谐。

其实人生也一样，一个人在生活中也应该具有“透、瘦、漏、秀、修、皱”的品格。“透”，就是人要光明磊落，内心透明，纯真善良，时常让灿烂的阳光照进心灵。“瘦”，可以是做事精干，文笔凝练，着装大方得体。“漏”，就是要自然过滤掉人心的杂念，舍去烦恼，把与工作无关紧要的东西屏蔽掉，才能全身心投入到工作中去。“秀”，是指人应该尽力展现最好的一面，尽善尽美。“修”，指的是在事情发展的过程中，要不断修改完善，力求达到最佳效果。“皱”，指的是事情的发展是曲折的，人的一生不可能一帆风顺，要时时保持良好的心态，勇敢地面对前进道路上的困难，勇往直前，勇立潮头。

点燃人生梦想，快乐起航

春天的景色是美好的，一些都充满了勃勃生机。2018 年 4 月 15 日是我们在上海中山北路第一小学跟岗研修的第二天，上午我们聆听了徐梅芳校长作的报告——《提升综合“校力”，让优质教育惠及每一个“中一”学生》。

徐校长从六个方面为我们阐释了学校发展的综合校力：一是明晰学校核心价值体系，提升学校发展的驱动力；二是推进“E 校园”特色项目，提升学校发展的创新力；三是加强德育工作，提高学校发展的思想力；四是优化课程和教学，提升学校发展的核心力；五是加强教师团队建设，提升学校发展的持续力；六是完善学校管理，提升学校发展的保障力。徐校长针对不同的方面作了具体解读，从理念的理解到工作的落实，环环相扣，娓娓道来。徐校长还讲了如何加强德育工作、提高学校发展思想力的问题，这对我触动很大。徐校长分别从关爱自我、关爱他人、关爱自然、关爱社会这四个维度叙述，又从与之相应的生命教育、节日文化教育、民族文化教育这三类课程体系出发进行了理论到应用的详细分析，使我联想到我们学校在关爱农民工子女方面所做的工作，也深刻认识到自己学校与中山北路小学之间的差距。

文苑小学是济南市外来务工子女的定点学校，目前全校共有22个教学班级，学生总数1036人，其中外来务工子女占比63%。学校一直秉承“让教育创造幸福人生”的理念，坚守“关爱与智慧共生”的行动指南，积极探索，挖掘校内和校外各种资源，积极招募志愿者开展教育志愿服务活动，把更多的关爱给这些可爱的孩子们，努力为外来务工子女营造一个温馨、和谐、快乐的成长环境。

首先，我们从办学条件上加以改善，为外来务工子女创设优美的学习环境。

其次，改变模式，在关爱行动上实现创新。如“师爱1+1”模式，满怀关爱传递温暖，让这些外来务工子弟能够和其他孩子一样在文苑小学里享受学习的快乐。“七彩空间，让爱溢满小屋。”学校为孩子们创设了“心灵书吧”“智慧空间”“芝麻开门”“棋乐无穷”等活动场所，在此处，老师和孩子们可以谈心交流，畅所欲言，游戏娱乐。学校还搭建了博客平台，使其成为联系教师、学生、家长的桥梁和纽带。

最后，青春助力，在关爱行动上实现突破。2007年10月，我们和山东大学举行联谊活动，从此，我们周四的“五彩课堂”便拉开了序幕。“五彩课堂”有安全自护教育、环境保护教育、世界体育项目、保持快乐等内容。到目前为止，已有近2000人次的大学生走进了我们的课堂，和孩子们一起快乐度过学习时光，达到了双方能力共同提高的目的。“二对一辅导，让爱驻我家”，在两位大学生帮助一个小学生这样的学习帮扶活动中，双方建立了深厚的友谊，孩子们也感受到了更多的温暖与关爱。

为激发外来务工人员子女学习的积极性和主动性，同时感受大学校园多姿多彩的生活，我们每学期都带领孩子们参观一次山东大学的校园，在带队志愿者的热情感染下，孩子们更加开朗，学习热情高涨。

通过青年志愿者活动，孩子们更加自信阳光了，学校组织学生参与趣味比赛项目，频频获奖，学校的教育水平更上一层楼。在“奇奇趣味运动会”上学校荣获济南市一等奖，在去年的庆“六一”大型演出中，孩子们展现了应有的风采。近年来，团中央、团省/市/区委的领导多次来校指导工作并举办省市现场交流会，都取得了圆满成功。2013年6月5日，共青团中央青年志愿者工作部郭部长、团省/市/区委的多位领导再次来到我校参观指导，他们观看了“武之魂”武术表演以及“七彩小屋”“小巧手”“歌声嘹亮”“英语角”等板块的志愿活动。各位领导对文苑小学的新志愿模式作出了高度评价，6月15日晚还在中央台新闻节目播出。

经过了7年的探索，我们的“爱心—接力”也逐步形成了品牌效应。“师爱1+1”“五彩课堂”“心灵驿站”“心手相牵山大行”等已经成为我区品牌，赢得了孩子们和家长的喜爱。这些做法分别通过国家、省、市、区各级媒体进行了报道，受到社会各界广泛好评。几年来，我校志愿服务活动获评济南市优秀志愿服务项目、团中央优秀项目在内的20多项荣誉。

我校的特色活动还需要进一步从课程的角度深入下去，力求做大做强。老师们一起为外来务工子女提供更优质的教育，让我们点燃孩子们的梦想，使他们在人生的旅途上快乐前行！

关注学生学习状态，教师要独具慧眼

我在听课过程中，发现有的教师没有关注学生的需求，只是规矩地按照教案内容进行教学，为完成单纯的教学任务而走过场，也不关注学生究竟掌握了多少知识点，这样何谈教学的高效？针对此情，我感慨万千。

在课堂上，教师要有一双明亮的慧眼，随时观察学生的一言一行、一举一动，善于揣摩学生的内心世界，做到因材施教，对症下药。当学生身体不适时，送上热情的关照；当学生颓废泄气时，带着鼓励的目光送上贴心的问候；当学生小有所成时，送上赞许和期望；当学生失败受挫时，送上妥帖的安慰与适当的鼓励；当学生顽皮犯错时，送上恳切的批评与明确的指导。教师应当及时帮助孩子、引导孩子，让他们在鼓励与赏识、宽容与帮助中健康成长。

老师的慧眼是对学生心灵的安慰，是爱的表达。老师一道友好的目光、一个鼓励的眼神、一声亲切的呼唤、一句热情的赞扬，可能会让一个垂头丧气的学生拾起信心，再次鼓帆启航。每个学生都有自己的特点，在学习上的表现也各不相同，因此在教学中，我们就更需要随时发现学生的闪光点，尤其是对那些学习上不自信、学习速度相对缓慢的学生，更要多给他们鼓励和赞赏。在教学中，面对众多学生，多给他们一个肯定的眼神，多给他们一份坚定的信心，也许有一天你会突然发现，从前藏在河水里、不见踪影的沙砾竟是一粒金沙。用你诚恳真切的眼神，用你智慧的大脑去关注孩子，鼓励孩子，对他们敞开宽容的胸怀，容纳他们的不足，纠正他们的错误，那么孩子们就会像向日葵一样，始终沐浴着爱的阳光灿烂地绽放。

研修 思考 追寻

——培训情结

在这暖暖的春日，我们品尝着研修实践带来的精神大餐，像沐浴着缕缕春风，如品味着杯杯清茗，心旷神怡，回味悠长。

20 天来，我们 30 位学员在上海进行跟岗研修，大家共同学习交流，进行思想碰撞，共同在反思中提炼要点。这些日子里，我们都沉浸在一种美好的精神享受中，这是创新火花的闪现，还是细致思绪的流淌，更是教育真情的流露。我们在实践活动的路上，一起幸福地收获研修的胜利果实。

一、专家的报告，高层的引领

这次研修我们听取了 8 位专家的报告。华东师范大学郑金洲教授的《学校内涵发展与校长领导力》包括学校发展愿景、学校内涵发展的方向、基本要素以及学校文化的重要支撑等内容，对我们很有指导价值。陈默教授通过生动形象的典型案例为我们分享了《提升教师素养，关注学生成长》这篇非常精彩的报告。上海优秀校长高纪良借助“头脑风暴法”，让学员对 6 个典型的案例进行诊断分析，大家在这种思维碰撞中产生了强烈的思想共鸣。季国强主任为我们诠释了许多的法律术语，让我们知道安全事故的处理办法。华东师范大学课程研究所所长钟启泉教授的《静悄悄的课堂革命——新课程改革的逻辑与课题》，使我们意识到课堂教学的本真应该是学生思维的活跃。上海特级教师周飞的报告设计新颖，视角独特，创意突出，他以《教学设计与资源开发》为题，从美国剧的启示到历史课“新文化运动”进行了巧妙设计，也给我们很大的启发。上海“十佳校长”吴金瑜的《学校特色文化建设与校长的作用》一文，思想上颇具高度，对我们来说起到了很好的引领作用。上海特级校长金建中也畅谈了曹光彪小学的发展历程，他和师生们在实现教育理想的旅途中流下了许多汗水，也收获了令人欣慰的成功。真是篇篇报告都精彩，人人素质都卓越，真乃百花齐放，各有千秋。

二、研修的学校，借鉴的资源

我们组进行跟岗研修的学校是上海中山北路第一小学，无论是校园环境，还是校长、各中层人员的汇报，抑或教师的课堂教学，都令我们深刻感受到该校管理规范，办学颇具特色且以人为本，关注孩子发展。徐梅芳校长在报告《提升综合“校力”，让优质教育惠及每一个“中一”学生》里，从六个方面为我们阐释了学校发展的综合校力：一是明晰学校核心价值体系，提升学校发展的驱动力；二是推进“E校园”特色项目，提升学校发展的创新力；三是加强德育工作，提高学校发展的思想力；四是优化课程和教学，提升学校发展的核心力；五是加强教师团队建设，提升学校发展的持续力；六是完善学校管理，提升学校发展的保障力。

尤其是第三方面加强德育工作，提高学校发展的思想力，对我触动很大。徐校长分别从“关爱自我，关爱他人，关爱自然，关爱社会”四个维度展开，并对相应的生命教育、节日文化教育、民族文化教育这三类课程体系进行了分析，使我联想到我们学校的行动指南“幸福与经典同行，关爱与智慧共生”以及学校在关爱农民工子女方面的一些工作，下一步还需要深入体现它的课程性、多元性、系列性。

学校让我们自由活动时，我们分别参观了曹光彪小学、卢湾第一小学和武宁路小学。学校走廊里张贴的都是孩子们的摄影作品，也有学生小童谣文字作品，还有学生参加各种校园活动的精彩场景，处处彰显着以人为本、以学生为主体的教育理念。尤其是曹光彪小学的品社课《石库门——中西合璧建筑的典范》，处处展示着老师设计之精巧，教学方法之奇妙。老师让孩子们通过画、剪、演、贴、做等多种方式，了解石库门的历史发展与建筑特点，让品社课的教育成果变得更加立体可观。受此启发，我不由得联想到我们的课堂教学现状，现如今的教学水平还有进一步提高的空间，需要师生共同探索，在教材的挖掘和教学模式创新方面需要下更大的功夫。

三、未来的追寻，前进的动力

研修期间，薛万岭副校长、谢德宁副主任不断地鼓励指导我们，简报制作组的老师们也不辞辛苦地写作，研修学员们都抓紧这段宝贵的时间认真地学习经验。衷心地感谢我们的带队老师薛校长、谢主任以及简报组的所有工作者，谢谢你们的辛勤付出！

感谢华东师范大学的李老师，感谢跟岗研修学校的领导和师生，感谢区教育局、区进修学校的领导为我们提供了这次跟岗研修的机会，为我们搭建了提高个人综合素质和办学能力的平台。

为了让孩子们接受优质的教育，我们不能停下前行的脚步，不能停下流淌的思绪。愿我们以此为起点，把学习与实践联动起来，促进学校的创新发展。

我们团结合作，继续追问，坚持实践，让我们背上智慧的行囊，带上理想的种子，回去种植在我们历城教育的热土中，相信在不久的将来，我们定会收获累累果实！

守望　践行　提升

那一天，
源自对教育的深情守望，我背起出发的行囊。
那一天，
源于对乡土的挚爱温情，我暂别可爱的家乡，

那些天，
带着寻梦的憧憬，
心存提升的嘱托，
肩负发展的重任。
那些天，
我们在教育之巅，眺望五彩斑斓；

我们在教育前沿，感受风起云涌。
那些天，
喜与专家互动，精彩发言无数；
那些天，
冒雨到校跟岗，恪守风雨无阻；
那些天，
白天学习讨论，晚上撰稿、编辑简报，俨然教育的圣徒……

我们考察一所所学校，
翻阅一本本书，
读书、游学，身体、灵魂，
——总在践行的途中。

我们观摩一节节课堂，
参加一次次研讨，
聆听、思索、交流、碰撞，
在上海的校园里领悟着教育发展的方向。

古老典雅的弄堂，
绵柔亲切的吴音，
我们在上海的生活里体会着历史和现代文化的回响。

一天天，追寻着成长的快乐。
一天天，享受着教育的幸福。

我们知道——
出发意味着对自我的重新审视，
出发意味着对教育梦想的深情追逐。
背起智慧的行囊，回归历城教育的沃土，
带上希望的种子，期待着明天丰收的喜悦。

我们不能决定生命的长度，却可以保持求知的温度，
我们不能改变条件的宽度，却可以追寻人生的高度。

不负领导之望，
心怀群众所盼，
我们坚守教育均衡发展的理念，
我们坚守人民满意教育的理想，
努力去践行，
奋力去探索，
尽力去提升！
齐心协力去创造，
谱写我历城教育
质量立校、特色发展、优质均衡的崭新篇章！

以人为本，学生第一

历时2天的专家名校长报告会，可以说是异彩纷呈，各具特色。这次会议可以用几个“高”来概括：一是会场规格高，此次会议属于国家级会议，与会人员达2000人次；二是报告水平高，包括北京十一学校校长李希贵，北京亦庄实验小学校长李振村，还有清华附小窦桂梅校长在内的21位颇有威望的教育专家和名校长作了报告，可以说是名家云集；三是过程效率高，每个人的发言都控制在20分钟左右，并且采取了计时法，增强了与会人员的时间观念。这不愧为一次高端的精神饕餮盛宴，给予我们精神滋养，余音绕梁，令我们回味无穷。

第一个发言的是我们的“村长”——北京亦庄实验小学校长李振村，他报告的题目是《“学生第一”有多难？》。李振村校长生动幽默地讲述了学校里发生的一个故事：

今年9月1日，亦庄实验小学迎来了一批新生，老师们热情高涨，精心为孩子们设计了迎新方案：请4位老师穿上卡通服装，扮成卡通人物，在校门口迎接

孩子们。等孩子们进入各自班级之后，4位老师各提一个袋子到班级中让孩子们抽奖，借此营造欢乐的开学气氛。“奖品”五花八门，比如得到一块橡皮，或开学典礼上当升旗手，或跟校长合影……

起初，老师们以为“跟校长合影”会成为孩子们心中的惊喜大奖。“让我纳闷的是，过后并没有几个孩子来找我合影。”李振村校长笑着说，“后来，一位老师采访了一些孩子，问他们‘你喜欢和校长合影吗？’大部分孩子都摇头说‘不’。‘那你喜欢和谁合影呢？’很多孩子给出了诸如‘喜欢和曹婷婷老师’‘喜欢和贺新琦老师’这样的回答。这两位都是刚刚毕业的年轻老师，一位是教美术的美女老师，一位是教体育的帅哥老师。”

为什么会预设这么一个奖项？因为在我们的意识里，和校长合影在孩子眼中会是一种荣耀。这里面折射出的是成年人对权力和地位的崇拜。而纯洁天真的孩童压根就没有这个意识。他们喜欢另外两位老师的理由很简单，不仅仅是他们年轻靓丽，朝气蓬勃，更重要的是这样的老师在课堂上带给他们快乐。至于校长，那实在是个太遥远模糊的概念。因此，有老师向李振村建议：假如学校真的秉持“学生第一”的教育理念，那么这个奖项就该设置为“选择你最喜欢的一个老师合影”。

在亦庄实验小学的常丽华老师班里，每个周一都是“庆典日”。老师用一节课的时间，和孩子们一起回顾上一周的学习旅程，并根据每个孩子在不同领域的表现为孩子颁奖，有“写绘大师”“创意大师”“热爱教室奖”“心灵手巧奖”等等。“庆典日”在孩子们中备受欢迎，但是与常老师搭班的青年教师赵秀秀却发现了问题：为什么“庆典日”颁奖项目都是老师确定的？老师确定这个奖是孩子们最盼望的吗？为什么不让孩子自己设奖并陈述获奖理由？这样，才能让孩子感觉到成长是他自己的事情。经由赵老师这么几问，大家恍然大悟。

在上课过程中，老师总是喜欢站在教室前面讲课，很少走到学生中间去。老师站在那个讲台上无形之中限制着学生的思维和表现，学生第一的理念就很难落实到位了。

依此类推，大家又发现了很多问题，比如：

为什么总是由班主任老师规划班级生活？我们认真倾听过班级生活的主人——孩子们的意见吗？

我们要求学生在校园里见了老师就要主动行礼问好，可是有多少老师主动向学生们问好?

老师把学生找到办公室谈话,通常都是学生站着,老师坐着,为什么不能请孩子坐下交流?

我们评价一所学校的标准一般都是看学校获得了多少荣誉、考试成绩如何、有哪些特色,而学生的感受——他们是否真的喜欢学校、喜欢老师,为什么没有被纳入考评体系当中?

这么一路想来,不由得头上冒汗。学生第一,说说容易,做做表面文章也不难,真要渗透到教育生活的细节当中去,实非易事。

看来,不管多么耳熟能详的教育理念,距离真实的教育生活都有千山万水的距离。如何跨越这个距离,是我们校长和老师需要用心思考的事情。

思考我们学校的发展,"幸福教育"的立足点也应该在学生身上,让孩子们在学校里感受到学习的愉快。因此,我们的老师就要做到多跟孩子们谈心,对待孩子应该多一份爱心,多一份诚心,多一份恒心,使孩子们看到成长的收获,体验这一过程的幸福。

学校要多开展使孩子们快乐学习的实践活动,在活动中提高学生的综合素养。学校努力打造适合孩子成长和自由发展的优美环境。目前,我们已经能给学生提供一个温馨舒适的活动空间、大气优雅的紫藤长廊、漂亮整洁的校园环境了,看着孩子们置身其间,其乐融融,就更能体会到让校园成为孩子们幸福成长的乐园是一件多么富有意义的事情。

会议带给我的快乐与思考

近期我到滨州参加省里的会议,会议内容让我颇有收获。

这是一次扎实有效的会议,这是一次落地生根、很接地气的会议。第一天从下午2:00到晚上6:20,我们参会教师都在认真地聆听着代表的发言,认真思考与领悟这次研讨会议的深刻内涵。

李家栋老师的点评指导给我留下了深刻的印象,对我们全省的小学语文教学也是一次高端引领。为此我把李老师的汇报内容梳理出来,以供大家查阅:

李家栋老师简单讲述了“山东省小学语文‘三级教研’协同服务学校”这一项目的情况，一年来，有滨州、泰安、济宁等地参与了此项目。本项目以体现生成高效课堂为主题，教师的课堂教学得到省、市、区三级专家的指导，力求将语文打造成较强学科，以此带动学校的内涵发展。

李家栋老师在点评课中指出：李超老师的课有五点值得大家学习。一是阅读教学的要求把握得比较准，识字、写字、学习词句、学习阅读都紧紧围绕课程标准提出的要求进行；二是教师重视语言文字的学习与运用，这一点也符合课标的要求；三是教师在课堂上积极引导学生作必要的批注，体现不动笔墨不读书的思想；四是教师在教学中注重引导学生自学和反思；五是进行了必要内容的拓展，如戴嵩、齐白石的画，推荐课外阅读的书目等。

需要改进的地方有：

第一，聚焦生本高效语文课堂，关注学生的生活经验。①认识“戴”要与生活相联系，引出姓氏和动作的词。②课堂与预习相联系。③体现五种意识到位，分别是生命意识到位、研究学生到位、学科意识到位、教学引导到位、效率意识到位。④重视五种教学活动要素，包括尝试教学、组织交流、重点探究、拓展补充、评价反馈。

第二，重视教材解读。教师对教材的解读要全面而深刻，搜集大量的资料帮助理解和阐释教材内容。李家栋老师在研究斗牛图上牛尾巴翘与不翘的问题时，搜集了一些资料图片，像甘肃的斗牛图、现收藏在台北故宫博物院里的斗牛图。听到这里，我想起王崧舟老师的备课。王崧舟老师在备课《秋思》时，搜集了作者纳兰性德的生平故事以及诗词，这种骆驼式的文本解读精神很值得我们学习。

第三，学情方面。当学生遇到不认识的字时，教他们养成及时划出来的习惯，遇到不熟悉的或者读不对的需要反复练习，要求他们把生字和会写的字分别列举出来。

第四，教学建议流程。①确定恰当明确的教学目标，如学习“戴”时，要联系生活加深认识；学习“拱”，要结合传统文化理解；学习“惭愧”一词时，要联系当时内心的感受。②朗读课文方面，将词句与段落结合起来，在理解“一会儿浓墨涂抹，一会儿工笔细描，很快就画成了”这样的句子时，要把整个句子与所在段落结合起来加以理解。③课堂教学与课前教学要相互联系。④找准重难点，精心引导。生字教学包括生活识字、集中识字、随文识字、图画识字、环境识字等。在进行词语教学时，要联系上下文或结合录像绘画材料。

第五，合理拓展阅读。教师刚开始出示戴嵩的画像与文字时，可补充他的其他作品——归牧图、斗牛图；对于“拱”字的理解，可结合传统文化进行有效的资料拓展，有利于加深孩子对文本的理解。

李老师对课堂的点评与指导，对我们启发很大。相信我省的小学语文教学在各位领导的支持下，在各位专家的指导下，在社会各界的帮助下，会芝麻开花节节高。

阳光心态，幸福人生

近日，我们文苑小学邀请了齐鲁师范学院的苗教授，为老师们作了一场精彩的报告——《阳光心态，幸福人生》。

苗教授借助生动形象的案例、妙趣横生的故事以及饶有趣味的游戏体验，给老师们讲了许多的道理，会场上笑声不断、掌声连连。

苗教授首先给我们做了一个小调查：

1.您对目前生活的感觉？

A.很幸福

B.比较幸福

C.一般

D.不幸福

E.很不幸福

2.请您用一句话来定义“幸福”，句式为“幸福是……”

3.您觉得影响您幸福体验的最重要因素是：

A.家庭

B.工作

C.人际关系

D.经济条件

E.身体状况

F.其他

4.您生命中最重要的五个人是谁？请按重要性排序。

5.您生命中最重要的五个事件是什么？请按重要性排序。

对于第四个问题“您生命中最重要的五个人是谁？请按重要性排序”，由于受传统文化的影响，我们往往把父母排在前面，却忽视了自己。而在当今社会，如果连自己都不觉得自己重要，又如何做到爱别人？

紧接着苗教授为我们展示了过桥实验和死囚实验，这两个小实验使我们明白了一个道理：心态好，生理健康，能力增强；心情不好，生理状态差，进而影响能力。

那么我们该如何塑造良好的心态呢？一是对于改变不了的事情就不要固执地耗费时间和精力，要试着改变对这个事情的态度。二是学会享受过程，别太着急看到结果。三是活在当下，但这不意味着我们要今朝有酒今朝醉，而是今朝有酒也不太醉，不使明朝有忧愁；要以未来为导向，还要活在当下，对自己的现状知足，要相信每一个时刻发生在你身上的事情都可以发挥良性作用，要相信自己的生命正以最好的方式绽放。四是找回生命的自主权，不要把自己的幸福来源建立在别人的行为上面，我们能把握的只有自己的思想和言行。五是学会感恩。六是学会弯腰。七是养成好习惯，发现生活的美好方面。八是提高职业能力。九是注重自身健康的保持。

乐观，是幸福的源泉，保持乐观，就能繁衍幸福；豁达，是幸福的开阔地，心胸豁达，就能从容面对；益友，是幸福的开心果，善交益友，才能长久；合群，人缘好，幸福自会来。

让我们把握当下，学会感恩与欣赏，学会包容与谦让，学会自律与成长，坚持下去，我们定会收获许多的幸福与快乐！

读书研修在路上

2018年7月23～25日，我参加了教育局组织的为期3天的暑期培训班，受益匪浅。3天来，听了6位专家的报告，张晓峰教授的《学校教育的管理视角反思》重点介绍了传统文化与现代管理的融合;钟绍春老师的《信息技术支持下教育变革和创新》,让我们领略了新时代信息技术在教学变革中的重要性;张斌教授和孙镜峰校长共谈了《谈谈校长课程领导力》,强调一位校长要统领课程的整合,参与课程的完善;张志勇厅长的《基础教育综合改革》以大量的数据、丰实的案例为我们总结了基础教育综合改革的要点。尤其是滨州市博兴县教育局周奎齐局长的报告《用心做教育》,对我启发很大。

周局长讲了三大方面的内容:

一、清心待己

(一)认识自己,要拥有个性之味

自己的味道就是个性的味道,特色的味道,创新的味道。教师要有自己的味道,校长要有自己的味道,学校也要有自己的味道。说到这里,就想起一句话来:“走自己的路,让别人去说吧。”人不能万人同语,学校也不能千校一面。

(二)学会反思,咀嚼出应有之味

要敢于面对自己的缺点与错误。记得看过这样一个故事:日本有两位一流的剑客,一位是宫本,一位是柳生,宫本是柳生的师傅。当年柳生师从宫本学艺时,曾就“如何成为一流剑客”一问请教过师傅。柳生说:“以徒儿的资质,练多久才能成为一流剑客呢?”宫本说:“至少 10 年。”柳生觉得 10 年太长了,就说:“如果我加倍努力,多久可以成为一流剑客呢?”宫本只笑不答。柳生又说:“如果我再付出多一倍的努力,多久可以成为一流的剑客呢?”宫本叹了口气道:“如果这样的话,你只有死路一条,哪里还能成为一流的剑客?”柳生糊涂了。这时宫本说:“要想成为一流的剑客,就必须留一只眼睛给自己。一个剑客如果只注视剑道,不知道反观自我,那他就永远成为不了一流剑客。”柳生听完后茅塞顿开,剑术大进。

剑道如此,做人做事亦然,我们只有不断反思反省,才能够认识到自身的不足,才能够取得真正的进步。经常自省,不仅可以发现自己的缺点,还可以知道自己的优点,帮助自己合理地安排工作与人生。可见,自省是认识自我、发展自我、完善自我和实现自我价值的最佳方法。

在现实生活中,如果我们诚恳自然地面对自己的缺点和不足,老师们也会对这样的灵魂有敬佩和信任之感。一个人的强大,从另一个方面说,是敢于面对自己的缺点与错误。一个人可以出错，但是绝不可以放弃，绝不可以放弃对理想的追求，绝不可以放弃对目标的坚持。

（三）拥抱生活，品尝多样斋味

无论做任何事，只要确定目标，勇于实践，全力以赴，终能得胜。

有这样一组连环漫画，叫作《人生的十字架》。有无数人都背负着沉重的十字架缓慢而艰难地前行，其中一人忽然停下来，心想：这个十字架实在是太沉重了，就这样背着它，得走到何年何月啊？于是，他决定把十字架砍掉一块，这之后再背上十字架，他的步伐加快了很多。就这样，他随着人群继续走，又走了很久，他依旧感到疲劳，于是又想：虽然刚才已经将十字架砍掉了一块，但它还是太重了。为了能够更快更轻松地前行，这次，他决定将十字架再砍掉一大块。于是他不断地停下来砍掉一块，十字架越来越短，他也越来越轻松，竟然不知不觉走到了队伍的最前面，看着其他人负重前行，他轻松地哼着歌。

走了很久，忽然前面出现了一个又深又宽的沟壑，沟上没有桥，周围也没有其他能绕行的路。他徘徊良久，后面的人都慢慢地赶上来了，这些人把背上的十字架取下，就像一座桥，刚好能架在沟壑两边，人们就踩着它跨过了沟壑。他也想如法炮制，只可惜，他的十字架之前已经被砍掉了一大截，所剩无几的长度根本无法帮助他跨越沟壑。

其实我们每个人每天都背负着各种各样的十字架前行，这个十字架也许是我们的学习，也许是我们的工作，也许是我们必须承担的责任和义务。但正是这些重量，构成了我们在这个世界上存在的价值和理由。像漫画中的人一样，我们也都背负着属于自己的十字架，在需要的时候，我们也要利用它帮助自己跨越沟壑，继续前进。

所以说，在人生的道路上，有些黑暗只能自己穿越，有些困难只能自己克服，有些痛苦只能自己承受，有些孤独只能自己品尝。但是穿过黑暗，我们一定能感受到阳光的温度；走出痛苦，我们一定能企及成长的高度；告别孤独，我们也一定能收获灵魂的深度！所以，请不要埋怨学习的繁重、工作的劳苦，因为真正的快乐，源于与困难对抗后取得的成果，越是经历深刻的痛苦，越能体会到酣畅淋漓的快乐。

（四）找到机遇，品鉴快乐前行之味

拒绝自己的懒惰，拒绝外界的诱惑。生活无所谓输赢，让自己健康快乐地活着，才是最重要的，我们要时时考察自己的自制力，朝着既定的目标坚定前行。

二、诚心待人

我们教师要善于给后进生搭建阶梯，给他们花开的时间，给他们飞入树林的勇气，给他们飞上蓝天的力量，他们就会体验到成功的自信与快乐！

教师要冷静地面对孩子们出现的问题。泰山之所以被称为“五岳之首”，就是因为它能容忍岩石的坚韧，小草的依赖，泥土的肮脏，歪脖子树的丑陋。“滚滚长江东逝水”，海纳百川容万物，说明大海的胸怀宽广。换位思考，成就他人，也是你自身价值的体现。

三、静心做事

周局长用心做教育，用情做教育，因此他总能从一些生活现象中透析出教育的哲理。周局长谈到了种菜的父亲。

一位 80 多岁的老人，连自己的名字都不会写，然而对不同蔬菜的种植方式都如数家珍，不同蔬菜有不同的种植方式，这也告诉我们教育学生也要因人而异，让每一个学生都找到成功的自信。老人对蔬菜的感情，使我想到教师对孩子的感情，蔬菜种好了，地里也就不长草了。

周局长又给我们讲了一个起立发言的故事。由于班里一个孩子失去了双臂，所以教师就在班里制定了新的班规，今后发言从举手一律改为直接起立发言，维护了残疾学生的尊严，这样的教育细节今后更需要注意。

教育是生活，生活即教育。教育家陶行知曾说：“时时是创新之时，处处是创新之地，人人是创新之人。”那么在我们的生活中，时时也是思考之时，处处也是思考之地，人人也是思考之人。

让我们用心做教育，满怀真情地热爱教育，用行动去践行教育！相信教育的明天会更加美好！

幸福像花儿一样

4天来，在进修学校聆听了8位专家的精彩报告，受益匪浅，更有“听君一席话，胜读十年书”的感动与震撼，有一种汲取丰厚精神营养的幸福感，内心如巧遇花开般充满美好和喜悦。

华东师范大学应俊峰教授的讲座“课程改革与校长使命”，其中的一些观点对我触动很大。应教授认为，校长要成为仰望星空的思考者和脚踏实地的实践者；当前教育改革的核心是改变人才的培养模式，我们必须深化课程改革，实施新世纪素质教育，充分认识到课程是人才培养的主要载体。他举了一个例子：有人问哈佛大学的校长，哈佛这所学校“最值得夸奖的是什么？”校长回答说：“不是哈佛出了6位总统、36位诺贝尔奖获得者，而是让进入哈佛的每一颗金子都发光。”应教授认为，校长的专业职责是：规划学校发展、营造育人文化、领导课程教学、引领教师成长、优化内部管理、调适外部环境。这一点在教育部2013年2月4日颁发的《义务教育学校校长专业标准》中有明确要求。

上海名校长高纪良为我们作了题为《基于标准，超越标准》的报告，他以校长标准谈校长基本素养，其中的观点令我印象较深：校长要清楚未来的走向；考虑到学生将来会获得海量信息，校长要关注三大热点：研究儿童学、研究脑科学、研究学习规律，课程的改革也要落地、生根、发芽、结果。

几位校长的报告，让我思绪万千：

第一，校园文化的链接点。高校长曾经谈到，要让学校的每一处空间说话，我们不但要做到让墙壁说话，还要让一些小角落也染上浓郁的文化气息，如消防栓上的名人格言，门把手上的乐知尚行文化理念，地面“小脚丫”上的文化理念等等，让学校处处有文化，让孩子们随处可见文化，并且达到内化于心，外化于行。

第二，课程实施的引发点。针对我们学校实施幸福课程的资源有限这一问题，我们充分挖掘家长以及社区、山大志愿者等校外资源，为孩子们带来精彩的课堂体验，提供广阔展示的平台，为培养学生的综合能力打下坚实的基础。6年来，学校至少邀请了50位专家给孩子们在各方面加以科学化、专业化的指导。

第三，今后工作的改革点。首先是将学校文化理念的改变与学校“幸福教育”的办学特色相结合。校训改为“乐知尚行，幸福成长”，让师生在教育教学过程中更加理解学校的文化理念内涵。其次是继续完善学校的幸福课程体系，做好入学课程、毕业课程，加强指导教师的培训。

聆听专家报告，加强学习培训，关键是要做到及时思考，观点链接，行为跟进，效果验证，这样四步走，才能实现学习效能的最大化。让我们的思维像阳光一样不断放射出创新的光芒，让我们的心像花儿一样幸福绽放，让我们的激情像火焰一样不断燃烧，为实现学校的新发展、新跨越而共同努力！

《上海研修简报》卷首语

这些天……

肩负责任，心有目标，行进追寻，我们再次走进美丽的上海——中国教育的前沿，来丰实我们的教育发展之路。

这些天，源自对学生幸福成长的美好愿望，我们又一次背起出发的行囊；

这些天，源于对历城教育的深情守望，我们暂别了可爱的家乡；

这些天，源自我们身上沉甸甸的责任，我们不断地在教育的海洋里徜徉；

这些天，我们带上学习的激情，交流的热情，感恩的温情，来到跟岗学校挂职研修；

这些天，我们怀揣着实现优质教育的美好愿景，坚守着奠基孩子幸福的崇高目标，追寻着发展历城教育的有效途径！

这些天，冒雨到校研修，恪守风雨无阻；

这些天，考察、读书、思考，追寻教育的方向；

这些天，观课、研讨、碰撞，萌生智慧的力量；

这些天，反思撰稿、编辑简报，实现优质资源的共享；

这些天，我们学习着、思考着、践行着；

这些天，我们快乐着、收获着、成长着；

“金戈铁马闻征鼓，只争朝夕启新程。”让我们始终保持正思维、正精进、正能量，做到多观察、广思维、深链接、高实效，相信我们一定会收获“稻菽千重浪”的美丽风光，再续历城教育质量立校、特色发展、优质均衡的又一华章！

细节　温暖　提升

2018 年 11 月的上海，我们感受到完全不同于济南的日光融融的温暖。来到上海师范大学附属卢湾实验小学，我们体会到该校细节设计的独具匠心，感触颇多，总结三个词就是细节、温暖、提升。下面我就从这三个角度谈一下感受。

一、细节之处显精神

(一)校园文化的设计彰显了以人为本的精神

上海师范大学附属卢湾实验小学有着 50 年的发展史，目前有 40 个教学班，1400 余名学生，规模和质量在上海都名列前茅。一进校门，首先映入眼帘的是雅致大气的两座教学楼，学校的每一个楼层都有学生作品展示，每一个角落都是充满童趣的区域活动场所，一切设计都是那么相得益彰，精美别致，处处让人感受到学校“修德允能，圆融通达”理念的暖意。

“泰山不让土壤，故能成其大；河海不择细流，故能就其深。”这是秦国丞相李斯在《谏逐客书》中的句子。意思是泰山之所以这样的高大，正是因为每一粒渺小的土壤的堆积；江河之所以这样深远，正是因为容纳了每一条细微的溪流。这是李斯奉劝秦王不能把六国的人才驱逐出秦国时说的话，秦王也正是因为汇集了这些人才，形成合力，最后才统一天下，成为“千古之帝”。老子也曾说过：“天下难事，必做于易；天下大事，必做于细。”小事成就大事，细节成就完美。所以我们要关注小事，关注细节，这些都是成功的关键。

卢湾实验小学图书室针对各个年级的学生，设计了不同的阅读区域。低年级阅读区铺着一块浅灰色的地毯，地毯中间是一个多层圆环书橱，上面摆放着孩子们喜欢的读物；中高年级的桌凳设计符合他们的年龄和体型特点。低年级学生进入读书区域时，需要把鞋子脱下并整齐排列，读书时可以放松地在小地毯上坐着，也可以坐在桌前，孩子们用自己喜欢的方式读书就更加容易投入了。看到孩子们开心的样子，我想到教育过程中应当尊重孩子的个性和天性，无论是校园文化还是教育教学，都要结合孩子们的年龄身心特点，去做孩子们需要的规划和设计，从细小处着眼，从实地落实，真正地做到以人为本，以学生为中心。

这期间，我们还走进了北京东路小学、上海市黄浦学校。北京东路小学的门牌都是形象化的设计，有五年级一班的“流星花园”，三年级一班的“书香汇”，一年级二班的“喜羊羊之家”等，非常生动有趣。即便是功能室的门牌也是用形象的图案来展现的，如微机室门牌是一个电脑键盘图案，实验室门牌是一个灯泡的样子。这些细枝末节也能体现小学生的年龄身心特点。

上海市黄浦学校会议室里用于招待的矿泉水、水果被排放成各种图案，给人以美感，这真是细节之处见尊重，细节之处显理念，细节之处见真功啊！我们学校的校园文化在一些方面也注重了细节，如门把手上“乐知尚行”学校理念的体现，“小脚丫”上刻有“乐知尚行，幸福文苑”的字样，消防栓上贴有名家名言，教室门前贴有孩子们和老师的张张笑脸等，但还有很多不足，下一步会继续从细节上下功夫。

（二）教研活动的组织突显了扎实有效的精神

研修期间，学校教研的扎实性、细节处更使我们震撼。上海师范大学附属卢湾实验小学的所有学科教研都分专题、分层次。我们参加的是数学教研活动，由三年级的一名数学教师演示，借助投影讲述“米与厘米”的知识，并说了她的教学设计，其他教师给予补充，而亲切和蔼的虞校长不时地给以指导，告诉老师们每天至少给孩子们出一道题，一周后汇集上交给教研组长和骨干教师审阅。北京东路小学结合教材内容，对孩子进行“三色小海星”的细节课堂学习评价，激发了孩子们积极学习的内驱力，让我们深刻感受到上海教育的接地气、重实效。

二、暖意之处受感动

校园文化设计为暖色系，五彩童梦课程（红色理想课程、橙色灵动课程、绿色探究课程、紫色遐想课程、蓝色智慧课程）的作品分楼层、分主题、分系列进行展示，红、橙、蓝等色彩的灵动搭配让人赏心悦目。另外，校长、主任的热情接待让我们深受感动，一个人的素质高低就在这些细节上。

三、深思之后有提升

一个能思考的人才是一个力量无边的人，“学而不思则罔，思而不学则殆”，所以我们学习过程中要不断地思考，不断地结合实践努力提升，大力推动学校的发展。

这次上海之行，我们受益匪浅。我们要珍惜这次培训之缘，好好学习，积极思考，才能给这次培训画上圆满的句号，实现培训学习的效能最大化，齐心协力共同为质量立校、特色发展、优质均衡的教育目标添一笔靓丽的色彩，为孩子们的健康成长注入新的能量。

细节是一种创造，细节是一种能力，细节表现修养，细节体现艺术，细节蕴藏机会，细节凝结效率。“不积跬步，无以至千里，不积小流，无以成江海。”让我们关注细节，把握当下，最大限度地完善自己，还要引领干部、教师共同成长，为师生们的幸福成长而努力！

课程思考

历城区文苑小学基于提高学生核心素养,"文明尚行、勤思乐学、阳光健康、实践创新、责任担当"的发展需求,围绕"人文与品德、科学与艺术、体育与健康、艺术与审美、实践与创新"五大培育方面,开设幸福入学课程、幸福诵读课程、纸艺课程、布艺课程、泥艺课程、棋艺课程、十字绣、舞蹈、乐器、幸福研学等30多项特色课程,让学生在丰富多彩的课程中体验到参与学习的快乐,感受到成长的幸福。

幸福课程激发了教师研究的热情,使教育教学工作更具创造性,教师的专业素养得到较大提升,个人价值得到具体实现。

在课程实施过程中,各行各业的家长、社会人士带来了丰富的教育教学资源,优化了教学内容,真正实现了学校、老师、家庭三位一体的合作模式。

学校课程的历史回顾

我国《基础教育课程改革纲要》明确指出，“改变课程实施过于强调接受学习、死记硬背、机械训练的现状，倡导学生主动参与、乐于探究、勤于动手，培养学生搜集和处理信息的能力、获取新知识的能力、分析和解决问题的能力以及交流与合作的能力”，这是我们课程改革的实践方向。《济南市教育局关于进一步深化义务教育课程改革的意见》中明确提出，“积极推进课程开发，增加学校课程建设自主权和学生自主选择性，促进学生个性化发展”。在这样的背景下，历城区文苑小学进行了基于核心素养的幸福课程开发研究。

培养学生核心素养是当下教育领域的热点，亦是未来基础教育课程改革的方向和灵魂。我校以学生核心素养培养理念为指导，以推进教育优质发展为重点，以打造幸福课堂，培养幸福教师、幸福学生为目标，不断提高幸福教育的课程质量。幸福课程，就是以幸福教育为理念，以培养学生核心素养为目标，以体验式学习、探究式学习为主要学习方式的学校和社会共同开发的校本课程。

“让每一个孩子幸福成长”是学校的共同愿景，也是课程建设的核心理念，而学校课程的建设是彰显学校特色的有力渠道。

一、基于学校实情，凝练学校文化

文化是学校的生命之水，学校是培养人、发展人的场所。学校文化是学校的一种价值取向，是学校特色的一种表现，需要融入师生的思想行为中。学校文化在很大程度上取决于学校的发展历史。历城区文苑小学建于 1971 年，原名中国济南化纤总公司子弟小学。2005 年 8 月移交历城区教育局直属管理，并且更名为济南市历城区文苑小学。学校位于历城区花园路 5 号，占地面积 10491 平方米。学校现有 23 个教学班，1037 名学生。学校历经 50 年风雨，在传承与发展中凝练出“见贤思齐，乐知尚行，追求卓越，各显其能”的学校文化，形成系统的办学思想。“让教育创造幸福人生”是学校的办学理念，“让每一个孩子幸福成长”是学校的共同愿景，在此基础上，我们确定了“厚德、博学、励志、笃行”的校训，“关爱、求真、自主、创新”的校风，“博爱、乐教、尚美”的教风，“勤思、乐学、尚行”的学风，“幸福与经典同行，关爱与智慧共生”的行动指南。基于学生核心素养的培养，结合学生的实际，经过教师、学生家长、学生代表反复商讨，从5个方面确立了学校的育人目标：文明尚行、勤思乐学、阳光健康、实践创新、责任担当。

二、基于育人目标，发挥办学优势

为了实现学校的育人目标，学校在优化育人环境、拓展校外资源、注重教师发展、校本课程变革等方面进行了创新，展现了本校独特的秉性。我校充分利用本校独特资源，设置出具有学校特色并在一定程度上形成“品牌”效应的课程。

（一）加强文化建设，优化育人环境

为了优化育人环境，我们在校园文化的整体规划上下了不少功夫。一到校门口，首先映入眼帘的是“让教育创造幸福人生”的办学理念，东北墙面上是“幸福与经典同行”，西墙遥相呼应的是“关爱与智慧共生”，这是学校的行动指南。校园内大气的紫藤长廊，多彩的活动空间，雅致的作品展橱，消防栓上的读书名言，多功能室报告厅内张贴的幸福谏言等，交相辉映，散发出浓浓的文化气息，让校园内每个角落都富有幸福教育的无穷魅力；无论是设计内容，还是装饰色彩，处处营造着幸福育人的浓厚氛围，洋溢着幸福、快乐的气息，师生在这样的环境中工作和学习将会是幸福快乐的。

（二）拓展校外资源，实现合力办学

与高校联谊，实现共赢。我校一直坚持与山东大学政法学院开展“五彩幸福课堂”“心手相牵山大行”“心灵驿站”等联谊活动，长达14年，活动多次受到团中央、团省市委领导们的一致好评，还被评为国家优秀项目。学生在实践中收获成长，在理解中学会珍惜幸福、创造幸福。

除此之外，学校积极创建有温度的书香校园、书香家庭，开展多彩的读书活动，如亲子诵读活动、家长读书会。家长读书活动在山东教育电视台等多家媒体进行了报道，学校处处散发着温暖的书香气息。

（三）扎实有效教研，促进教师发展

教师的成长是学校发展的关键环节，扎实有效的教科研“三部曲”是促进教师专业发展的重要保证。

教科研“三部曲”，指的是“问道轩”幸福教育 QQ 论坛、“养心阁”幸福教师读书交流、“至乐苑”幸福教师讲坛。“问道轩”幸福教育 QQ 论坛指的是每学期期中、期末前后，学校教导处从教师中收集有关教育教学的困惑与问题，发到学校教师 QQ 群中，进行头脑风暴式的集体教研，让教师成为教育教学的研究者、实践者，不断更新教学观念，改善教学行为，提高教学水平。“养心阁”幸福教师读书交流指的是学校开展的不同形式的读书交流活动，使教师在诵读经典文化的过程中提升境界，涵养内心。“至乐苑”幸福教师讲坛是教师结合外出学习自主参与的讲坛活动，展示教师个性才华，提高教师的业务素养，激发教师发展意愿。另外，我们推出的师徒结对、跟进教研等活动，也促进了教师的发展。

“五个一”是每周一篇博文、一板粉笔字、一篇经典摘抄和每学期一篇论文、一次外出培训这五项活动。

教师只有秉持教育信念，才会积极充实自己，主动探索教育规律，不断更新教育理念，实现专业发展和人生价值。经过这几年的创新探索，我校建立起了一支以资深教师为后盾，以教坛新锐为骨干，具有良好思想政治素质和业务水平、精干高效的教师队伍。部分教师曾获得国家级创新教育先进工作者、国家园丁奖等称号，还多次获得市区级优秀教师、优秀班主任、五一劳动奖章、教科研先进个人等荣誉称号，国家、省、市、区级优质课获奖者有 20 多人次，7 人入选“历城区三名工程”人选。

(四)增进课程理解，完善育人体系

基于学生发展需求和办学目标，在课程建设中，除了国家课程之外，还开设了基于学生发展的部分校本课程，实现了国家课程校本化。

校本课程基于学生核心素养，分别开设了幸福诵读、幸福入学、艺术课程中的纸艺、布艺、棋艺、泥艺、扎染等 30 多种课程。

(五)提升办学水平，产生广泛影响

经过幸福课程建设的 4 年探索与研究，学校课程改革取得显著成效，教师的课程研究力、执行力得到提升，学生文明尚行、勤思乐学、阳光健康、艺术审美、实践创新等核心素养也得到不同程度的发展。

在历城区校长讲堂活动中，校长做过典型发言，经验在全区得到推广。学校还承办了“名师讲堂”，年轻教师徐凤媛执教的《两只小狮子》一课也得到各位专家同仁的好评。全国各地的领导、教师、家长和20个单位共计约500人次纷纷来校考察学习，教师们有关幸福教育的《体验参与的快乐，享受过程的幸福》《品书香之韵，唱幸福之歌》《从〈论语〉中探索学校管理新思路》等30多篇论文，也纷纷发表在《山东教育》《中小学校长》《素质教育论坛》等杂志上，分别被省、市电视台报道。

近几年来，学校的整体办学水平有较大提高，学校曾荣获山东省依法治校示范校、山东省优秀少先队集体、济南市课改先进学校、济南市语言文字工作示范校、济南市优秀家长学校、济南市艺术教育示范校、济南市学法守法用法模范校园、国家教育志愿者优秀项目等荣誉称号。在教育局领导的关怀和全体教师的共同努力下，文苑小学正在不断发展壮大。

思考学校的发展，虽然有优势，但是也面临着发展困境。总体来说，学校还存在着课程单一，教学方式传统，学生学习生活单调，各学科之间缺少课程的整合与融合，社会资源没有得到很好的开发和利用等亟待解决的问题。

基于这些问题，四年前，学校班子、教师、家长代表就深入调查，反复研讨，达成共识，一致认为加强学校的课程建设、改变课堂教学模式是改变现状的有效渠道。

经过几年的研究和尝试，传统的教学方式得到了改善，更多的孩子有机会走向讲台，学生逐渐成为学习的主人。相比之前，创新发展后的校园生活更加多姿多彩，我们开展了丰富的艺术节、体育节、读书节等活动，结合重大节日开展了各种形式的主题活动，让学生感受到校园学习的无穷乐趣。经过几年的新课程实施，学校逐渐构建起幸福课程体系以及较为完善的课程评价体系，教师的课程意识、研究意识、学习意识不断增强，研究能力显著提高，学生的核心素养得到积极发展，学校办学品质和美誉度大大提升。

学校发展是一个持续改进的过程。站在新的历史起点上，针对学校发展优势和面临的挑战，提出新的发展思路：

第一，学校要根据课程存在的问题，参考教师、家长和孩子们的意见，继续开展调查研究，打造更多有利于学生核心素养发展的幸福课程，在实践创新中培养学生的责任担当的意识。

第二，课程研究更加精细化，进一步完善幸福课程的开发体系，增加鲜明的地域和学校特色。

第三，幸福课程更加系统化，进一步加强理论、模式构建，以期取得更多成果。

学校课程建设理念与目标

一、学校课程建设理念

基于学生终身发展和核心素养发展的需求，学校大胆探索幸福校本课程建设，还将幸福课程的实施列为学校发展的重点目标。幸福课程，是以“幸福教育”为理念，以培养学生核心素养为目标，以体验式学习、探究式学习为主，学校和社会共同开发的校本课程。

学校课程建设理念集中体现在课程上。我校课程集中体现了“让教育创造幸福人生”的办学理念，“让每个孩子幸福成长”是课程理念的核心。课程中突出强调教师爱岗敬业的责任心，教师在授课中弘扬博爱，感受乐教，体现尚美。

博爱是一种无私的爱，崇高的爱。这就要求教师要爱每一个学生。博爱是一种实际行动，是教育者的模范行为，可以通过教师的眼神、表情、语言、声调、动作等方式来体现，是真情的自然流露。

乐教指的是教师要快乐教学，享受工作带来的成就感，用欢乐感染孩子，把爱心传递给孩子，使教师在教育生活中感受到人生价值实现的自豪感，体验到教师职业的幸福感。

尚美指的是教师要崇尚美的心灵、美的语言、美的行动，教师展现给孩子们的一面要尽善尽美，不断克服自身缺点，做到为人师表，率先垂范。

学生在学习生活中体现勤思乐学，文明尚行。勤思就是要勤于思考，勤苦思索。乐学就是要让学生快乐地学习，在学习中体验到一种乐趣，享受到学习生活的幸福。尚行引导学生崇尚实践，努力践行正确的教育理念，崇尚美的言行，培养高尚的情操。

广大师生求真务实，乐知尚行，合作进取，探索规律，共同创造乐教乐学、和谐幸福的校园氛围,公平公正地为每一个人提供发展平台。依据学校的办学理念,结合社会的发展需求,学校课程建设与学校的办学思想、育人目标紧密结合,如此一来,我校课程理念可划分为以下三点:

一是课程始终关注每一个学生,教师要文雅、博爱、乐教、尚美。实践证明,学校教师的发展、整体素质的提升将伴随着社会的发展而发展,学校需要进一步树立课程理念,提升教育能力、课程研究能力。为此,我们要开拓创新,不断增强学校的改革动力,形成课程改革的机制,克服课程运行中的困难,解决发展中的难题。让"文雅博爱、乐教尚美"的理念渗透到学生幸福学习、教师幸福工作的办学行为中去,内化为教职工的自觉行为,落实到学校的课程建设上,从而促进教师提高教学能力,学生身心全面健康发展。

在"让每一个孩子幸福成长"办学理念的指导下,拓展学生学习和实践的领域,发展学生潜质,体验成长带来的乐趣。学校以学生为本,关注学生发展和幸福成长。在教育教学过程中,教师坚持以爱与责任为原则,以热爱生命为核心,帮助学生树立高雅文明、勤思乐学的优秀品质,锻造学生积极阳光的良好心态,培养学生的担当精神和创新能力,增强学生的身体素质。在学生的学习过程中,教师运用多种教学模式、教学材料与教学方法提高学生的学习效率和效果,发展学生的核心素养,创设学习情景,拓展学习渠道,使学生的学习和社会生活实践相联系,丰富个人生活体验。

二是课程要坚持以社会发展需求为导向,以此促进学生优秀品质的提升。不断改进教学方式,把接受学习与自主研究相结合。

三是课程要充分尊重每个学生的个性差异,为学生全面发展创造条件,确立学生在学习中的主体地位,提供符合课程目标指向的优质课程。关注每个学生的实践,推进合作互动的学习方式。

二、明确课程育人目标,培养乐知、尚行的幸福学生

育人目标是学校一切教育活动的基础。在长期的办学实践中,文苑小学基于国家的要求,树立适合本校学生发展的育人目标:文明尚行、勤思乐学、实践创新、阳光健康、责任担当。

要为每位学生的个性发展搭建平台,创设丰富的个性化的课程。通过课程设置与内容设计,将育人目标、课程理念和学校文化紧密结合起来,以课程建设

为载体，凸显学校办学特色和教学宗旨。在课程实施的过程中，提高课程的选择性、实效性，使学生的扎实基础和鲜明个性得以彰显。

在文苑小学的办学目标中，最为核心的就是“让每一个孩子幸福成长”这一理念。一切为了孩子的发展，这样的观点强调了人本位和社会本位的结合，而两者的结合点就是人的全面可持续发展。课程建设应该考虑每个学生的发展需求，适应学生的发展规律，应该尊重每个学生的人格。

（一）学校课程建设的总体目标

完善幸福课程理念，构建指向学生核心素养发展的课程育人体系，运用适合学生的课程实施方式，形成学校课程反馈与评价体系，促进学生综合能力的提升和个性全面发展。

（二）具体目标

通过构建和完善幸福理念体系，凸显学校育人的课程特色，建设幸福教师队伍，培育幸福学生。

第一，提高教师工作幸福指数。在课程建设与实施的过程中，提高教师的课程理解能力和育人意识，使教师在行为改进中幸福成长。

第二，发展学生的核心素养，使孩子们具有文明言行、勤于思考、乐于学习、健康快乐、创新实践、敢于负责的优秀品质，让每一个孩子在文苑小学体验到学习和校园生活的幸福。

第三，通过国家课程的校本研究，提升学校课程育人质量和水平。我们把学校幸福教育的办学理念渗透于各学科教学中，通过语文学科的美文拓展、数学学科的数学文化、英语学科的情景表演、音乐学科的情景创设等，实现了国家课程的校本化研究。

第四，通过校本课程的开发与实施，凸显学校幸福教育的办学特色；基于学生个性发展的需求，开发学生喜爱的、形式多样的课程内容。

第五，学校因地制宜，充分发挥周边社区、学生家长的优势，丰富课程内容，拓宽学习渠道，构建了多元化、个性化、多样选择的育人课程体系，这样通过合力办学，合力实施幸福课程，达到效果的最大化、最优化。

学校课程体系建构与评价

一、学校课程建设的基本原则

核心素养是学生在接受相应学段的教育过程中，逐步形成的适应个人终身发展和社会发展需要的必备品格和关键能力。培养学生核心素养是当下教育领域的热点，亦是未来基础教育课程改革的方向和灵魂。我校以国家要求的学生核心素养为指导，以推进我校教育优质发展为重点，努力创建幸福校园，以打造幸福课堂、锻炼幸福教师、培养幸福学生为目标，不断提高我校教学质量，为打造幸福校园努力奋斗，而幸福课程的实施是学校落实“幸福教育”理念的关键一步。

基于学生核心素养的培育，结合学生的实际情况，经过教师、学生家长、学生代表的反复商讨，学校最终确立了育人目标：文明尚行、勤思乐学、阳光健康、实践创新、责任担当。在实际落实中将坚持以下五个原则：

（一）系统性原则

为了帮助学生科学合理地学习各科知识，并在国家课程的基础上作有效补充，我校充分利用教师资源和校外资源，建构系统的学校基础幸福课程体系，分别从人文与品德、科学与技术、体育与健康、艺术与审美、实践与创新五个方面设计课程内容，让幸福课程的建构更加系统化、科学化。

（二）层次性原则

在上述五方面内容架构的基础上，再分别细化各方面的具体内容，开设符合学生认知水平和特点的课程，形成从国家课程到地方课程、校本课程一体化的幸福课程体系。

（三）民主性原则

课程的有效实施需要团队的通力合作，这就需要学校领导、教师、家长等相关人员相互协调，合理运用各种课程资源。商讨规划课程框架，审议课程纲要，定期开展课程实施研讨会，在课程实施的过程中针对存在的问题不断进行修正完善。

（四）制度化原则

没有规矩，不成方圆，合理、科学的制度可以保证课程有效运转，是达成课程目标的可靠、有力保证。

（五）开放性原则

一门课程的建设要具有开放性，才更有利于师生的发展。这就要给师生留出相当多的空间，让课程实施者去思考，去拓展，不断完善课程实施的方法与途径。

二、学校课程内容的整合

学校围绕“让教育创造幸福人生”的办学理念，根据学生的实际情况，确立了本校学生的核心素养培养目标：文明尚行、勤思乐学、阳光健康、实践创新、责任担当。基于学校办学理念和育人目标，我们构建了学校的幸福课程结构体系。

学校课程内容的整合，包括幸福课程内容体系的建构、幸福课程的实施、幸福课程的评价等。其中课程内容根据前期的尝试，进行了下列分类：

（一）幸福课程内容体系的建构

1.在人文与品德方面，我们的研究内容是：幸福诵读、文明诚信、感恩励志等课程。在学习过程中培养学生文明有礼、作风高尚的德行。

2.在科学与技术方面，我们的研究内容是：灵动数学、美丽科学、空间思维等课程。在学习过程中培养学生勤于思考、乐学善学的品质。

3.在体育与健康方面，我们的研究内容是：快乐篮球、棋艺、跆拳道、爱护牙齿、医药养生等课程。在学习过程中培养学生阳光心态，快乐健康地成长。

4.在艺术与审美方面，我们的研究内容是：纸艺、布艺、泥艺、石韵、十字绣、插花、彩绘等课程，培养学生敢于探索、创新实践的能力。

5.在实践与创新方面，我们的研究内容是：开展走进工厂、社区等外出游学课程，培养学生敢于担当负责的品质。

（二）幸福课程的实施途径

为了提升课程实施水平，各学科都分别制定了课程纲要。在课程实施过程中，渗透幸福课程的核心理念，让每一个孩子体验成长的幸福，以此规范教学设计，提升教师的业务素养和课程的研究能力。

强化校本课程的开发与实施。为了让开发的新课程更好地落地开花，我校还专门确立了周五下午的幸福课程活动日，扎实开展幸福课程研究活动。

除了在校内开展幸福课程以外，我们还走出校园，通过不同的渠道，采用灵活的方式丰富课程研究主题，如参加自然幸福研学活动，走进工厂、大学、检察院进行参观体验，让学生在实地调研的过程中体验合作学习、自主探究带来的无穷乐趣。

（三）幸福课程的评价研究

根据课程内容、结合学生的各种素养，进行不同项目的多元评价，包括幸福班级评价、幸福学生评价、幸福教师评价等，以此促进师生共同发展。

课程评价是学校课程规划的有机组成部分，它对学校课程的发展起着重要的导向和质量监督作用，是达成有效教学的关键环节。幸福课程评价要求教师注重反思课程开发过程中出现的各种问题，进行自我批评、自我激励、自我改进，保证幸福课程开发的顺利运行。评价的目的在于改进，还要关注个体间的差异，不单以分数框定学生的能力和发展空间。评价的价值取向是提高学校办学质量，提升教师的专业水准以及课程研究能力，最终促进学生的全面发展。评价应采用多样化的方法，既有量化评价与质性评价，又有内部评价与外部评价，还要强调多主体评价。

1.指导思想

在校本课程开发实施的过程中，我们着力于重构学生发展评价体系，促进课程目标的有效落实。在评价中不仅关注学生的成绩，还注意发现和发展学生多方面的潜能，注重过程性评价，采取多元评价方式，突出学生的主体性，显示评价的激励性，帮助学生认识自我、发展自我。发挥评价的教育功能，促进学生在原有水平上持续向前发展。

2.评价原则

(1)科学性原则。对课程的评价要运用科学的方法，提高评价的效度和信度。

(2)操作性原则。评价方法要切实可行、简单明了，可操作性强。

(3)全面性原则。评价既要考虑到幸福课程的落实情况和教师课程目标的实施情况，又要考虑到每一个学生综合素质水平。在实施过程中要发展学生多方面的潜能，了解学生发展中的需求，帮助学生认识自我，建立自信。

(4)多元性原则。对校本课程的评价要符合学校的办学思想和育人目标，体现学校的办学特色，促进学生多元化生动发展。

3.评价内容

评价内容主要包括幸福班级评价、幸福教师评价、幸福学生评价。

(1)幸福班级评价主要包括学生合作氛围、学生创新精神、学生学习成果。

(2)幸福教师评价主要包括课程纲要评价、课程实施评价、教学成果评价。

课程纲要评价，指的是教师根据学校的育人目标、学生发展的核心素养，确定好课程内容，设计好本班级的课程实施纲要，要体现科学性、系统性、完整性、可操作性几大要素。

课程实施评价，指的是教师在确定好各自班级的课程纲要的基础上，确定教学目标，完善教学设计，其主导思想要适合于学生的经验、兴趣、知识水平、理解力和其他能力的发展现状与未来需求。教师要与学生共同创设有利的学习环境，为学生提供讨论、探究、质疑、交流、合作的机会；采取体验式、探究式的学习方式，善于运用现代信息技术辅助教学，合理利用校内外学习资源提高学习效率。

教学成果评价，旨在促进教师与学生、家长、同事之间交流和沟通。教师要对自己的教育观念、教育教学行为进行反思，注重对学校课程执行情况、课程实施中的问题进行周期性分析评估，及时调整课程内容，改进教学管理方法，形成幸福课程不断革新、不断适应社会发展需要和学生学习需求的机制。学生的创新思维能力、综合素养等得到发展，教学效果较好。

(3)幸福学生评价主要包括过程参与、合作创新精神、成果体现、核心素养的发展等内容。

过程参与即教师要注重观察学生在学习过程中的具体表现，如情感态度价值观、精神集中程度、身心参与程度等，参与度可以实施等级化分类标记。

合作创新精神指的是孩子们在课堂学习过程中的合理分工，团结合作，敢于创新与实践探究情况。

成果体现是依据课程完成的实际情况进行评价，包括日常课堂听讲、学习态度、作业完成情况。学生学习效果可通过实践操作、作品、竞赛、汇报演出等形式展示，成绩优秀者予以表彰并收入成长记录袋。

核心素养的发展是以课程实施过程中所完成的具体成果情况确定。

4.评价方法

(1)过程性评价:可采用档案袋的评价管理方式,把孩子们在参与幸福课程过程中制作的图片、文字等作品记录并收入档案袋中。

(2)终结性评价:可采用表演性评价,如影视欣赏课程要求学生欣赏名著、优秀影视作品之后进行模仿、表演、配音等,还可通过演示、演讲等方式介绍自己的作品。观察学生表现的方式还有很多,如笔试、口试、实验操作、设计、实践问题解决、作品展示、学生成长记录袋等,在观察过程中要避免过分重视等级和量化评价,不以成绩论优劣,充分利用多样化考核方式促进每个学生的进步。

表1至表3是文苑小学幸福课程评价表。

表1　文苑小学幸福班级课程评价表

班级	课程资料	评价内容				
		课堂展示	成果展示系列性强	成果资料丰富多样,能体现本班特色	展示橱	总评

表 2　文苑小学幸福教师评价表

课程名称	课程负责教师	课程纲要	教学设计	交流反思	教学成果	等级

表 3　文苑小学幸福学生评价表

<table>
<tr><td></td><td colspan="13">评价指标</td></tr>
<tr><td rowspan="2">评价方式</td><td colspan="3">学习兴趣与参与态度（出勤、兴趣、课上参与情况）</td><td colspan="3">学习方式（自主、合作、探究）</td><td colspan="3">综合能力的提升（学习成果）</td><td colspan="3">课程完成情况</td><td rowspan="2">总评</td></tr>
<tr><td>你真棒</td><td>很好</td><td>加油</td><td>你真棒</td><td>很好</td><td>加油</td><td>你真棒</td><td>很好</td><td>加油</td><td>你真棒</td><td>很好</td><td>加油</td></tr>
<tr><td>自我评价</td><td colspan="3"></td><td colspan="3"></td><td colspan="3"></td><td colspan="3"></td><td></td></tr>
<tr><td>小组评价</td><td colspan="3"></td><td colspan="3"></td><td colspan="3"></td><td colspan="3"></td><td></td></tr>
<tr><td>教师评价</td><td colspan="3"></td><td colspan="3"></td><td colspan="3"></td><td colspan="3"></td><td></td></tr>
</table>

三、学校课程体系

(一)课程体系建构的基本思路

学校围绕“让每一个孩子幸福成长”的课程核心理念，基于学生“文明尚行、勤思乐学、阳光健康、实践创新、责任担当”五大核心素养建构起五大课程板块：人文与品德、科学与技术、体育与健康、艺术与审美、实践与创新，并开设了幸福诵读、文明诚信、灵动数学、美丽科学、空间思维、棋艺、跆拳道、爱护牙齿、医药养生、纸艺、布艺、泥艺、石韵、十字绣、插花、彩绘等30多项课程，形成比较系统、比较完善的幸福课程体系。该体系培养了学生文明有礼、勤思乐学、阳光健康、敢于探索、乐于创新的优秀品质，核心素养得到发展，学校幸福教育的办学特色得以凸显，学校的幸福课程系统与全面育人体系得到进一步完善。

(二)课程体系建构图

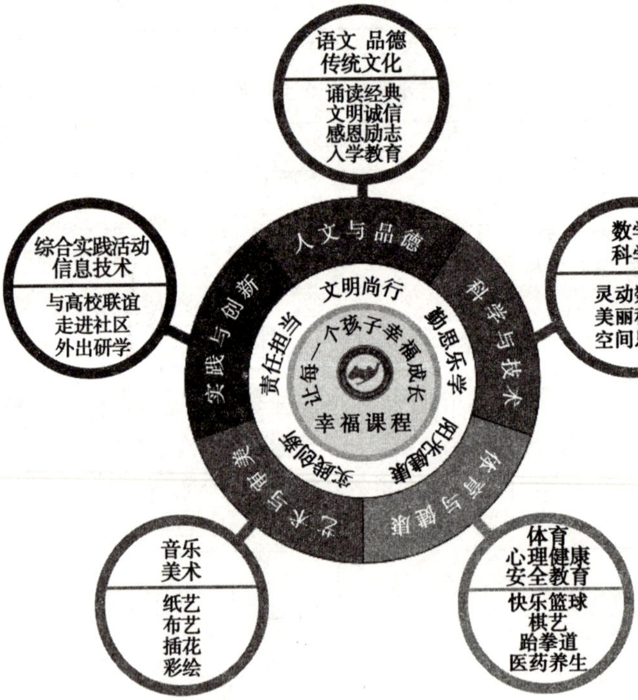

四、课程实施成效与反思

(一)发展学生核心素养,促进学生全面发展

在课程实施过程中,受益最多的是学生,他们的能力在以下几方面得到提高,核心素养得到发展。

1.勤思乐学的精神

早读或放学的路上,孩子们格外喜欢经典诵读,与优秀经典作品同行,与学者圣贤为友。学生在经典诵读中浸润书香,涵养人文情怀,完成心灵的润养,进而培养学生明礼诚信的品质、勤学好问的习惯、奋发进取的意识,使孩子们在沐浴经典中幸福成长。

2.独特个性的发展

通过视觉艺术这一形式,学生抒发个人学习感受,从中体验到快乐,收获成功。手工活动为学生提供了自我表现的最佳形式,从而促进其个性自然发展。在“石韵画”“蛋壳画”“木刻画”等课程活动中,孩子们发挥想象力,创作出他们心中不一样的梵高形象。《灵动的舞者》《雷锋像》《卡通人物》等作品,都是学生充分发挥主观能动性,创新思维能力提升的表现。

3.创新思维的能力

学生通过手工制作活动,对生活中的小事物有了独特的感觉,在设计创作活动中,不但发展了脑、眼、手的协调性,更提高了敏锐的思维能力。如《纽扣画》中,一枚枚小小的纽扣在学生们的手中绽放了它们的美。

4.担当负责的精神

通过外出研学,参观大学、工厂等实践活动,同学们的环保意识和节俭意识也得到了增强,培养了团结协作精神、担当负责精神。

5.阳光健康的心态

篮球、乒乓球、橄榄球、跆拳道、武术等体育类课程培养了孩子们积极阳光的心态,增强了体质,锻炼了坚持到底的意志。

学生通过参加一系列幸福课程,不但变得文明好学、积极阳光,其创新实践能力也得到了提高,意志力、持之以恒的品质也得到了增强。总之,同学们各方面的核心素养都能得到健康发展。

(二)参与校本课程研究,提升教师综合素养

教师的课程研究能力以及综合素养也得到了提升。通过参与校本课程的

研究,各学科教师不仅能够透彻理解校本课程的核心理念,而且能够养成适时反思教学实践的习惯,并将实践反思应用于研究过程中,促进自我专业能力的动态化发展。

(三)加强了家校沟通,激发了家长参与的热情

在课题研究的过程中,家长积极参与,提高了对学生教育的主动性,增强了家庭教育观念。同时,各行各业的家长带来的教育资源也进一步优化了教学环境,真正实现了学校、教师、家庭三位一体的合作教育模式。

(四)参加课题实验的教师收获累累果实

1.引领带动,名师成长

幸福课题研究启动3年来,刘金霞校长获评济南市优秀管理者建设工程人选;6位课题实验教师李华娟、张琳琳、曹义玲、王维青、牛余钗、王翠珍分别荣获区名师、名班主任人选;孙立华、段学东、王维青、张静、曹义玲5位教师荣获区教学能手;李华娟、张琳琳、李可欣、张静荣获济南市优质课一等奖;张迪、胡程老师的优质课获评山东省优课;曹义玲、李华娟、张琳琳等教师有关幸福课程的论文分别在《中小学校长》《素质教育论坛》《文化大观》等刊物上发表;2018年7月,关于我校的报道《幸福课程点亮孩子幸福人生》在《山东教育报》刊登。

2.多种活动,学生获奖

学校进行此项课题研究以来,基于学生核心素养的需求,围绕"人文与品德、科学与艺术、体育与健康、艺术与审美、实践与创新"五大方面,开设幸福入学、幸福诵读、纸艺、布艺、泥艺、棋艺、十字绣、舞蹈、乐器、幸福研学等30多项课程。孩子们在丰富多彩的课程中体验到参与的快乐,感受到成长的幸福,孩子们的核心素养在日渐提升。

在体育方面,2017年学校在体育项目中荣获济南市冠军;2018年,学校234名学生带着他们的《文承舞韵》武术操,参加了历城区首届体育节展演,学生的精彩表现展示了我校积极向上的风采。

在艺术方面,2018年在济南市美音比赛中有7人次获一、二等奖;2018年,学校作为历城区的代表参加了市级合唱比赛,管乐比赛荣获区银号奖;学校每年组织100多人参加区里的七项技能大赛,也均获得佳绩。

在其他方面我校学生也有精彩的表现:"小红花"征文中,我校约100人次参加,部分同学获得了一、二等奖的佳绩;五年级二班表演的快板《夸夸我们的

好文苑》荣获山东省三等奖，五年级一班赵思妤同学的经典朗诵荣获山东省二等奖；在艺术节、科技节、读书节、劳动节、体育节等活动中，孩子们每次都展现了应有的风采，评选出了很多诵读之星、艺术节之星。

3.家长参与，教师提升

在课程实施过程中，家长们每次都积极参与到家校联合活动中来，家庭教育意识有了明显提高，教学内容得到进一步优化，教学形式日益丰富，真正实现了学校、教师、家庭三位一体的合作模式。另外，学校还制定了各项评价标准，每学期进行幸福课程优秀家长、幸福课程优秀班级、幸福课程优秀教师的评比，给表现突出者予以表彰。

幸福课程激发了教师研究的热情，使教师工作更富有创造性，教师的教学水平、课程研究能力有了较大提高，专业素养得到了较大提升，个人价值得到了具体实现。几年来，我校教师多次获得国家级创新教育先进工作者、国家园丁等奖项，还多次获评市区级优秀教师、优秀班主任、五一劳动奖章、教科研先进个人等荣誉称号，国家省、市、区级质课获奖者有 20 多人次，7 人入选“历城区三名工程”。近年来，国家级课题立项结题的有 3 项，省级 2 项，区级 10 项。

几年来，我校取得了阶段性成果：幸福课堂上孩子们的手工作品琳琅满目，幸福课下孩子们的感悟文集更是丰富多彩。每次幸福课程结束后，教师、学生，甚至家长都结合开展的课程，用博文形式分享活动感受。部分优秀博文还在报刊、学校微信公众号上刊登、发表。《小纽扣大世界》《创作七彩纸艺，装点幸福生活》《快乐游学，幸福体验》《影视欣赏我体验》《美轮美奂》《幸福美好》《走在幸福的路上——幸福课程感想集锦》等文集，记录着孩子们成长的点点滴滴，每篇文章都记录着教师、家长的参与过程和收获感悟。这些做法让幸福教育由课堂延伸到了课外，让幸福课程的实施更加扎实。

4.外来交流，共同促进

近年来，先后有德州、泰安、枣庄、菏泽、郑州等地的 20 多家单位同行纷纷来学校交流学习；教师们有关幸福课程的论文《拜读〈论语〉探索学校管理新思路》《品书香之韵 唱幸福之歌》《让教师读出教育的幸福》《幸福教育绽放七彩人生》分别发表在《中小学校长》《素质教育论坛》《基础教育课程改革论坛》《创新教育》等刊物上；2016 年 10 月，我还在“第十二届全国现代学校文化发展论坛”会议上作了题为《幸福花开——核心素养下的幸福课程研究》的分享交流；2018

年11月，本人又在"全国幸福教育发展共同体"第一届年会上作典型发言；2018年，学校的幸福课程设计和七彩纸艺设计分别荣获市一、二等奖；2019年7月，幸福课程的研究成果《守望幸福——基于核心素养的校本课程变革》出版；学校举办的幸福课程建设与成果展示活动还多次得到省、市、区领导的一致好评，分别被省、市电台播出，也曾刊登在《山东商报》《山东青年报》《山东教育报》等报刊上。正如山东省教育学会副秘书长王如才所说："文苑小学的幸福课程建设起步早，依托博客平台，家校共育，促进师生共同发展，取得了很好的成效。"这些研究成果既有理论高度，更有实践价值，值得推广和进一步深入研究。

五、课题研究存在的不足及今后努力的方向

（一）存在的不足

通过课题研究，我校大部分教师从教育意识上有了一个全新的理念，很多教师的课堂教学水平和理论研究水平都有了很大提高。我们的课题研究取得了阶段性的成果，也得到了领导的诸多认可，但在实践中也发现了一些不足，今后需进一步加强研究。

1.在课程的设计上还有很多欠缺的地方，课程开发的广度还有待拓展，以便打造出更多更好的课程。

2.我校参与科研课题研究的年轻教师队伍存在着经验不足的现象。我校将采取多种形式、多个渠道加大对年轻教师的培训力度，要求青年教师努力钻研业务，苦练基本功，提高自身素质。同时学校会创造有利条件让教师外出听课、学习、参观、研讨，开阔眼界，学习一些先进经验。

3.我们将及时请教专家指导，提高教师的课程研究能力、课程开发能力，通过讲座、观摩、教研使全体教师都能受益。

4.学校要根据研究需要，基于学生核心素养发展，以学生需求为核心，探索适合学生的校本课程内容，彰显学校幸福教育的办学特色，形成自己独特的教学风格，使更多的骨干教师成长为优秀名师。

（二）今后的方向

1.继续加强师资队伍建设，提高教师的课程研究能力。鼓励教师努力学习，积极参加各种培训，不断完善自己，提升科研能力、课程研究能力。学校将创造更有利的客观条件，让教师外出听课、学习、参观、研讨，开阔眼界，学习先进，改

革教学;学校将邀请更多教育行家来校讲座、听课、教研,使全体教师都能受益,使课题实验顺利开展。

2.我们将根据课题存在的问题,参考教师、家长和孩子们的意见,继续开展调查研究,打造更多有利于学生核心素养发展的幸福课程,使我们文苑的孩子文明尚行、勤思乐学、阳光健康,在实践创新中培养责任担当的意识。

3.继续深入开展课题研究实验,并加大对课题的管理力度,规范课题研究实验工作,及时收集、整理、分析课题研究资料,总结研究成果。

4.定期举办课题研究交流、展示活动。不断梳理经验,完善科学的幸福课程评价体系,丰富教师、班级、学生的评价内容;及时总结成功的做法,交流、推广经验,发挥课题研究的示范辐射作用,以促进教师业务水平的整体提高。

5.注意边研究边推广,让课题研究和实施新课程相互影响、相互促进,推进我校新课程改革的实施。

采撷精彩,定格幸福

——学校课程实施的点滴感悟

核心素养是学生应具有的最关键、最必要的基础素养。学校的课程实施应该以此为中心。基于学生终身发展的需求,幸福课程旨在落实核心素养,改变单一课程、传统教学方式以及社会资源没有得到很好的开发利用等现状,丰富学生单调的学习生活,增加各学科之间的课程整合与融合。幸福课程,就是以幸福教育为理念,以培养学生核心素养为目标,以体验式学习、探究式学习为主要学习方式,学校和社会共同开发的校本课程。

幸福课程建设水平的高低,取决于课程建设是否系统、是否规范科学、是否符合学校教师和育人的需求。为此,学校出台了课程指导意见,研制了课程开发纲要,开启了课程设计与实施工作,各学科教师也分别进行课程纲要的撰写。在实施过程中,教师结合学生的特点与需求进行合理的教学设计,以此促进课程的有效实施。

在课程实施的过程中,教师、家长、学生都在各自需要的方面有所提高,我欣慰于学生的成长，感谢家长、教师的负责和社会大众的积极参与。和孩子们一起幸福成长的过程，也是分享感动的过程，希望能及时记录下这些闪光时刻。

体验参与的快乐，享受过程的幸福

——幸福课程活动纪实(一)

文苑小学在“让教育创造幸福人生”这一办学理念的统领下，已经开展了两年多的幸福课程实践，班主任老师付出了很多心血，家长朋友们给予了大力支持，孩子们在积极参与中体验到成长的快乐与幸福。

一个周五的下午，文苑小学的各个班级和操场上热闹非凡，我们来一起看个究竟。

首先走进一年级一班，小朋友们在班主任老师和9位家长的协助下进行有趣的装学具比赛。5张桌子上分别贴着班级课程表，家委会主任首先给孩子们介绍了比赛规则：每组5人，根据今日课程表的内容挑选书籍和其他学具并装入书包，背着书包跑到终点，随后活动有序进行。在比赛过程中，有的孩子不但跑得快，书包还装得井然有序，当然也有个别孩子紧张地忘记背书包就跑了，引得大家欢笑连连。坐在观众席的孩子们给参赛的同学加油助威，十分热闹。

一年级二班的黑板上，“文明礼仪伴我行”几个醒目的大字书写得很漂亮，一位年轻的妈妈绘声绘色地给孩子们讲关于文明礼仪的故事。一年级三班的活动主题是“安全表达行动”，在家长的带动下，孩子们一个个讲解着安全知识，感受生活中保持安全意识的重要性，教室后面有不少听课的家长。二年级一班的电脑上展示着不同相机的样子，黑板上写着“我爱好摄影”几个大字。一位家长正在拿着相机给孩子们认真地讲述它的使用方法，孩子们认真倾听，充满好奇心地学习。二年级二班开展的是“我是小巧手”手工活动，一位妈妈在认真地给孩子们讲述如何制作机器猫。二年级三班的班主任马老师和几位家长一起引导孩子们拼贴不同的动物图案，有“金鱼戏水”“熊猫吃竹子”“猴子捞月”等等，真是花样繁多。看到家长们细心的指导，望着孩子们认真投入的表情，感受着大家获得成功的喜悦，我被这浓浓的快乐氛围所感染，不由自主地融入其中了。

三年级一班也不甘落后，孩子们在教师、家长的引领下，兴高采烈地捏着彩色的橡皮泥，一会儿就做出了小狗、小鸭子、企鹅等可爱的作品。三年级二班展开了智力比拼，孩子们四人一组围坐在一起下五子棋，认真研究如何走棋，一会儿沉思，一会儿呐喊，一会儿眉头紧缩，一会儿会心微笑，十分专注。

拾级而上来到四年级一班门口，国家心理咨询师卢克老师正在给孩子们作“如何学习更加快乐”的心理学讲座。四年级二班的孩子们在班主任和家长的引导下参与围棋对决。四年级三班的主题是手抄报制作，家长们把设计好的生动多样的手抄报模板发给孩子们来进一步制作完善，看着那些设计精美的画面、多姿多彩的构图，足以感受到家长的用心。

再看五年级一班，孩子们分组下着围棋、五子棋、象棋，是不同的棋类智力训练；五年级二班的音乐教师娜娜在上音乐课；六年级一班的家委会正在商讨着本学期的课程方案和如何针对毕业班开展一些行之有效的活动；六年级二班正在观看艺术创想栏目，期待他们下一节课精彩作品的展现。

有家长参与的班级课程活动真是丰富多彩，新颖别致，我们在参观过程中看到了家长的积极、热情，孩子们开心可爱的笑脸，感到由衷的欣慰。

谢谢亲爱的家长朋友们！感谢你们的辛勤付出！有很多家长还自费购买了学具素材，再次感谢辛勤付出的家长朋友们！

谢谢亲爱的班主任！感谢你们的精心组织与辛勤付出！

谢谢亲爱的任课教师们！感谢你们的积极参与！

又一次精彩无限

——幸福课程活动纪实(二)

上周五，家长和孩子们的幸福课程又一次如期进行，课程内容丰富多彩。操场上，一年级三班的班主任老师和15名学生家长积极配合，接力赛热闹非凡,孩子们的参与热情异常高涨。本班的家长们还精心为孩子们准备了作业本、奖状、糖果等奖品,真是太让我们感动了。

一年级一班的学生正在击鼓传花,他们的活动主题是:传递行为规范正能量。这个游戏十分有趣,流程如下:

击鼓传花,花停在谁手里,这个同学就要回答问题或做游戏。题目内容紧扣《小学生行为规范》,采取选择题的方式提问,带动全班参与。在活动中还穿插了小游戏“你做我猜”,还有背唐诗、唱歌等环节,热闹有趣。

一年级二班举办了安全小常识讲座,有的家长还做了精美的课件。二年级一班的课程主题是“我是小小书法家”。二年级二班制作的虎皮猫也是别样有趣,孩子们的作品憨态可掬。二年级三班正在上“太空彩泥创作”手工课。全班分成8个小组,用不同的彩色太空泥创作角色:可爱的小蝌蚪、大鱼、乌龟、大白鹅、青蛙妈妈。青蛙妈妈坐在一个大荷叶上,翘首仰望着,好像等待着她可爱的孩子们,真是栩栩如生,惟妙惟肖。

三年级一班的家长、老师和孩子们在操场上玩游戏,他们十几个同学组成一组,手拉手围成一个大圆圈,有两位同学分别扮演猫和老鼠。扮演老鼠的同学在圈内外奔跑,“猫”需要在规定时间内捉到“老鼠”。输的同学要进行才艺表演,背诗、英语对话都可以。如果把游戏过程记录下来,进行游戏系列的日记写作也很不错。三年级二班的活动主题是五子棋,先安排两名同学在黑板上下一盘棋,由一位家长讲解规则,接下来就安排同学们下棋,活动结束后教师进行点评并给予奖励。三年级三班的孩子在操场上进行了篮球训练。四年级一班的内容是文明礼仪我先行。四年级二班是围棋活动。四年级三班的孩子进行推铁环游戏训练,还适当加强了习作训练,期待本班的孩子在期末铁环比赛中赛出水平,习作写得精彩,实现双丰收。五年级一班的孩子在家长的指导下聚精会神地下围棋。六年级一班在进行“青春畅想曲”的演奏。六年级二班在进行艺术大创想,孩子们的作品虽然稚嫩,但是却收获了无与伦比的快乐。

希望大家确定好主题后坚持下去,活动成果做得更长久、更有实效。

一次比一次精彩

——幸福课程活动纪实(三)

每当在活动中看到孩子们开心的笑脸、家长认真的指导和积极的参与、班主任的认真组织,我内心就油然而生一种感动。再次感谢家长朋友和班主任老师们!也谢谢这些可爱的孩子们!

10 月 31 日,又到了我们学校幸福课程的日子,你瞧,一年级一班的"小鲁班中队"又开始了太空泥制作,孩子们在家长的指导下认真地捏着不同的作品。一年级二班的万圣节好不热闹,他们三五成群地走上前台来表演时装秀。一年级三班进行的是小巧手盘子画,十分精致有趣。二年级一班是书皮包装比赛。二年级二班是小巧手制作陶泥,看着他们专注的样子,感觉好开心啊。二年级三班是树叶拼贴,有的孩子不愿按部就班,自由创作了金鱼戏水、帆船远航、灰太狼等趣味形象。三年级一班、二班是五子棋,也是其乐无穷,孩子们一会儿凝神思考,一会儿大笑开怀。三年级三班在操场上进行篮球比赛,甚至还有老人参加呢,原来是学生家委会的成员沙主任组织的"忘年交篮球课程"。四年级一班在研究有趣的折纸。四年级二班进行趣味数学活动。四年级三班的家长认真指导着孩子们进行铁环习作。五年级二班在下象棋。六年级一班是"共同欢庆万圣节",只见孩子们在分小组制作南瓜灯,亲手绘制了海报,还制作了幻灯片,班里张灯结彩好不热闹。六年级二班的主题是"艺术创想再续精彩",班主任吕老师和孩子们一起在操场上展示着自己制作的花样繁多的作品,他们还创设了一个画面场景,摆了不同的造型,富有创意。

只要给孩子们创设条件,孩子们就会给你无尽的精彩;

只要给孩子们搭建平台,孩子们就会给你无数的奇迹;

只要给孩子们创设机会,孩子们就会给你无穷的创意。

因为有您而精彩,再次感谢家长朋友们!感谢班主任老师们!

难忘的一天

虽然今天气温有所下降，但是在文苑小学的校园里却热闹非凡，温暖如春。各班的家委会主任们面带微笑地走进教室，他们不时发出声声赞叹："孩子们真了不起！""班主任老师真用心，准备得真充分！"这是我们学校正在进行的"展示课程，庆祝元旦"活动。

我们打破以往的习惯，先从高年级开始。我和孙校长、华娟主任以及 20 名家委会主任同行，首先来到六年级二班，他们展示的是"手工梦——艺术创想"系列作品，只见教室里摆着琳琅满目的作品 300 多件，足足有 50 多种，像是七彩树、蓝色骏马、五彩蛇、垃圾桶、稻草人、雪人、熊猫、机器猫、蒙古帽、台灯等，无奇不有。尤其是平时上课调皮的孩子，做出了许多奇特精美的作品，他们充分感受到了成功的喜悦。另外还有设计精美的册子，包含了班主任介绍、活动专题、学生感想、照片集锦等板块。活动先由班长管习倩同学介绍"手工梦"艺术创想的起因、过程，然后是全班各同学依次展示自己的作品，最后我们观看了部分学生的现场制作，老师真是用心啊！

接着来到了六年级一班，教室门口的桌子上摆着孩子们制作的南瓜灯，孩子们在悠扬的琴声中观看平时参与活动的视频照片。五年级二班的孩子们在专心致志地下象棋，幻灯片上也播放着他们参加课程活动的精彩时刻，孩子们的状态专注投入。

五年级一班的孩子们在观看象棋科普的视频，随后是班长刘子琪同学给大家设计了一个僵局，让同学破解，颇有创意。

四年级三班的脱口秀、铁环系列也体现了本班的特色。学生的脱口秀展示落落大方；再看教室门外的作品，从计划到总结，从相册到文集，应有尽有。四年级二班则是由班长介绍本班情况，教室的布置很用心，册子的设计也下了一番功夫。四年级一班是精彩的折纸系列。

走到三年级三班，就看到他们的门前张贴着每个学生的照片，一个打扮漂亮的小姑娘在作介绍。三年级二班的班主任是一位刚毕业两年的年轻女教师，想法新颖有趣，这次课程展示也是花了一番巧妙的心思。有个环节是打着板儿背诵《弟子规》，还摆了八卦阵的形式，棋盘也有各种造型，很有新意。三年级一班的班主任老师首先结合学生的作品，给大家介绍了幸福课程的进展，随后孩子们拿着精美的作品走上讲台，诉说着2018年的新愿望。

二年级三班的孩子们在王子腾妈妈的指导下展示着优美的舞蹈，由苏湘桐妈妈负责主持。桌子上摆着用豆子和橡皮泥制作的手工作品，还有班主任马老师让孩子们练习的厚厚的一叠铅笔字帖。二年级二班的门口张贴了海报，桌子上摆放着一个个憨态可爱的龙猫，还有班主任老师准备的过程资料，从布置到具体安排都很用心。

最后我们来到了同样热闹非凡的一楼，有许多家长朋友正围着孩子们的作品讨论谈笑，他们也已经融入了文苑小学这个温暖的大家庭中。我走过去听他们的交流，家长激动地给我述说着今日参与活动的感受："校长，咱搞的这种课程活动真好！孩子们太受益了，谢谢校长给我们家长创造了这样的机会。"

二年级一班的孩子们敲架子鼓很有气势，3个小朋友表演跆拳道也是威风凛凛，接着孩子们进行了爱牙护牙的小知识问答，一起演唱爱牙小儿歌，黑板前播放着课程活动的照片。

一年级三个班教室门前的作品琳琅满目，各具特色。一年级三班的相册文集分不同专题。一个小女孩面对许多人的目光有些害羞，但依旧勇敢地介绍完本班的作品。随后我们进入教室欣赏孩子们带着万圣节鬼脸头饰的精彩走秀，有的还挺有模特范儿呢。一年级二班的窗台上摆着各种各样的彩色橡皮泥，桌子上还摆着装裱好的形象生动的布贴画，刘老师结合幻灯片向大家介绍着本班"乐学坊"课程活动的开展情况，随后是学生的儿歌演唱等表演。走进一年级一班，便看到一位学生家长正在结合幻灯片主持班级活动，教室门前摆放着种类繁多的学生作品，有可爱的小猪、美丽的孔雀开屏、纸杯作品等，尤其引人注目的是班级的小鲁班中队画册，封面设计美观，内容丰富，项目齐全，把本学期开展的7次活动分不同专题展示出来，不但有孩子们在活动中的作品照片，还有活动心得、家长感言等等。

2个多小时的参观学习使我颇有收获。各班的课程活动展示各具特色，各班的班主任老师也是慧心巧思。就像家委会主任们在交流时所说的："只要用心就没有做不好的事，只要重视就没有办不到的事。从这次活动来看，学校很用心，老师很用心。”

感谢这一学期为班级课程、为学校付出的家长朋友！感谢主持活动的班主任老师！感谢为活动服务和宣传的老师！感谢认真参与的班级成员！因为有你们才成就了这样的精彩！总之我们的合作只有一个目的：一切为了孩子。愿我们在今后的生活中继续携手共进，团结合作，再次创造我们文苑小学幸福班级课程的新辉煌！

幸福课程，幸福花开

文苑小学的幸福班级课程又开课了，我们一起去看看吧。

首先我们来到了一年级一班，这个班级来了很多的家长，孩子们在进行讲故事比赛。虽然只是一年级的小朋友，但他们勇敢地走上了讲台，面对这么多同学与家长，讲出了一个个有趣的故事。一年级二班的一名家长正在黑板上认真地画蜗牛，孩子们也都认真地学着。小操场东侧，一年级三班的一名男家长在教孩子们练武术。

二年级一班的每次课程活动，家长们都认真准备，反复研讨，像之前的作品开心小黄人、海底总动员、威武小狮子等，都是优秀的案例。这次孩子们要给制作好的小人头上色，好有趣啊！看着孩子们开心的笑脸，望着家长激动的神情，我们也好感动。二年级二班小朋友的桌上，摆着许多瓶盖，在家长的引导下，孩子们把它们摆出不同的形状。一个个小灯笼举了起来，原来是二年级三班的小朋友在利用一次性杯子制作灯笼，共同庆祝十月一日国庆节呢，孩子们在制作过程中非常投入。

三年级一班传出流利的英语授课声，原来是学生家长聘请了道真的英语教师来给孩子们上课，在老师的指导下，孩子们边做动作边快乐地学习英语。给三年级二班上课的是一位皮肤黝黑、精气神十足的外教，教室里笑声不断，孩子们学得异常开心。三年级三班的教室里，班主任马老师和五六个家长朋友在指导孩子们做中秋贺卡，孩子们很认真，很投入。

四年级一班一直坚持练习毛笔书法。四年级二班在桌上摆着五颜六色的卡纸，一位家长在教孩子们制作七彩灯笼，漂亮又喜庆。五年级一班的家长和老师们忙着包饺子、下饺子，孩子们高兴地吃着，展现出一幅温馨的水饺宴画面。

五年级二班一位从事室内装修的家长在给孩子们讲“如何装饰自己的小房间”，很有意义。“振兴中华，从我做起。”“作为新时代的小学生，我们要立志好好读书，长大成人，为建设强大的祖国出力。”“我们要强国家，扬国威。”口号喊得铿锵有力，原来是五年级三班的孩子们在进行“阅兵式面面观”的爱国教育。

六年级一班的小巧手制作，六年级二班的“祖国在我心中”诗朗诵，真是班班有特色，个个展风采！这使我想起《静悄悄的革命》中的句子：“没有哪一个教室和其他教室飘溢着完全相同的气息，或者有着完全相同的问题。社区是教材的宝库。综合学习的实践必须让学生突破限制，为他们与教室之外、教科书之外的人与物相互接触做好准备。这种与人与物的接触会成为稳定的学习推动力。这种稳定感也会使教师能够轻松愉快地行动。实际上，这一综合学习的内容从某种意义上讲也是通过与家长和市民的相互交流而得以丰富和发展的。”

幸福文苑，幸福课程，愿我们文苑小学的五彩幸福课程在师生、家长朋友、社会群体的大力支持下，开出娇艳的花朵！

孩子们在幸福课程中快乐成长

又到了我们幸福课程展评的日子，2018 年 6 月 17 日下午 2 点参加评比的家长朋友到了会议室。

首先华娟主任给家长朋友强调了有关注意事项：“非常感谢各位家长朋友的到来，各位评委请根据评比的要求，本着公平公正的原则，对各班进行评价打分。”随后，我们就和家长朋友从一楼开始学习查看各班的幸福课程情况。

一年级一班孩子们的绘画作品都在背夹中夹着，并且分两列整齐地排放在斜坡处，作品的摆放也很有创意，简直是一道亮丽的风景线。教室内有一位年轻漂亮的妈妈在给孩子们上绘画课。

一年级二班铺有红布的桌子上摆着五颜六色的作品，有纸杯创意、泥艺生趣、悬挂彩灯、朵朵红花等，童趣无比，尤其是纸杯创意手工制作的可爱小鸡、小鸟、小狗、小猫，简直是一个小小动物园啊！

紧接着，我们来到了一年级三班，教室里传来清脆的声音，原来是一位年轻的女家长在给孩子们上课。教室门口的桌子上摆着各式各样精心装饰的圆盘，圆盘内有衍纸画、橡皮泥孔雀、多彩金鱼等。

二年级一班动物编织袋、孔雀开屏、“逗扣”年华、蝴蝶飞飞、钟表装饰等有趣的作品也是别有景致，尤其是该班针对本学期课程内容要求孩子们撰写的感悟都根据不同专题汇总成博文集，比如七彩纸艺课程中的《花儿朵朵向阳开》《亲近自然，幸福游学》《纸盘上的艺术》《创意纸袋手偶》《阳光体育，幸福体验》等等，体现出他们幸福课程的主题性、系列性、丰富性、扎实性。

我们拾级而上，来到了二年级二班教室门前，只见桌子上摆放的学生作品“泥中有趣”“盖艺升辉”“纸艺多姿”等，还有幸福课程文集，足以看出老师和家长的用心。小巧手课程中的《葵花朵朵》《快乐转转》《面不改色》《菊花争艳》《我运动我快乐》《幸福游学》等也是步步留痕，次次留文。二年级三班的教室里，家长朋友也都在和孩子们认真上课呢。

三年级的桌子上也摆着不同的作品，有树叶做成的可爱动物，有可爱的废纸作品小小龙猫，有豆子拼贴的动物系列，但是孩子们怎么都没在教室？哦，原来他们都在报告厅上书法指导课。

来到三楼，看到四年级的学生也都在认真开展教学活动。四年级一班在上书画课，桌子上摆着几幅书画作品，孩子们正在练习毛笔字。四年级二班在进行创意描绘，他们的剪纸作品很有特色，有趣的插件、圆球、城堡、火车、轮船等，真是五彩斑斓。四年级三班在举行“铁环转转”教学，教室里摆着孩子们种植的各种植物，有碧萝、仙人掌、兰花，还有孩子们做的形态各异的石娃，煞是可爱。

五年级一班的衍纸艺术作品别有风味，有彩球飘飘、金鱼戏水、母子相抱等，他们“衍”续着幸福，共同成长。五年级二班和三班竟是孩子们在讲课？原来五年级二班在开展滑板运动课程，滑板少年精心制作了课件，讲解玩滑板的注意事项，同学们听得津津有味。五年级三班的学生利用课件汇报本学期的课程成果，图文并茂，娓娓道来。

六年级两个班的同学展示了手工作品，有扑克牌城堡、废光盘自行车、直筒火箭、多彩布艺、素描等，看得出高年级孩子们的独特创意，部分作品有了科技的成分。

一个半小时的时间，我们学到了很多很多，感受到孩子们在幸福课程中那种无忧无虑投入学习的状态。我们将共同努力，沿着这条幸福大道一路前行！

幸福课程，幸福体验

又到了我们周五幸福课程活动的时间了，孩子们在课前就迫不及待了，家长们也纷纷来到了学校，和孩子们共同学习，我们一起去看看吧。

一年级一班的幻灯片展示着醒目的标题“幸福课程——纸杯变变变”。班主任老师和五六个家长分工指导孩子们的设计和贴画。一只只小企鹅蹒跚走来，这是一年级二班的孩子们在利用一次性杯子制作小企鹅呢。一年级三班在制作树叶贴画，一年级四班是彩泥制作，各有各的特色，各有各的风趣。一个个漂亮而有创意的小纸盘通过孩子们灵巧的双手展示在我们的面前。

二年级二班的彩鱼游动很有趣，教室成了池塘，孩子们手中的各色鱼儿在池塘里快乐地游动起来，孩子们仿佛成了那一条条可爱的小鱼，他们好开心，好快乐！二年级三班依然坚持本班的特色——幸运盘课程，他们这次在幸运盘内制作的是什么呢？原来是用彩色的皱纹纸做成的一朵朵娇艳的花，花儿争奇斗艳，栩栩如生。

三年级一班围绕国庆节活动制作的多彩民族服饰很有创意，孩子们正专心地给不同的民族服饰涂着颜色。孩子们可以根据各民族的特色，针对头饰、上衣、裤裙设计不同的款式，设计好独特，创意好精彩。孩子们不但了解了各民族的风俗人情、穿着习惯，还培养了创新思维能力以及审美情趣。他们的教室内还悬挂着一面面小红旗，渲染了国庆气氛，足以看出老师和家长的用心。

再到三楼看看，三年级二班正用一些小花布片制作头花，一些女生头戴漂亮的发夹，而男孩子们都将制作好的交给老师，让老师戴上，祝福老师更加年轻美丽。三年级三班的课程主题是“小瓶盖，大世界”，分植物类、动物类、实物类等不同的系列，小小的瓶盖在孩子们手中演绎出许多的故事，折射出生活的美好。

四年级一班、二班以及五年级一班一直坚持着一系列书法课程。只见孩子们在报告厅内聆听着书法大师讲授的书法要领，还不时地低头认真书写汉字。四年级三班的老师和家长朋友结合中秋佳节引导孩子们一起制作月饼，共同祝愿学校师生与家长们中秋快乐。五年级二班的水饺宴更是热闹非凡，浓浓饺香飘溢校园，温暖的情谊溢满心间。

六年级一班的衍纸画手工课还在延续。六年级二班让学生在了解足球文化的过程中感受着中国奥运精神。六年级三班正在制作蛋糕，孩子们发挥创意，在自己制作的蛋糕上摆放水果，一个个蛋糕寄托着对教师、同学、父母的衷心祝福。

我们看完各班的幸福课程开展情况，有很多欣慰，也有许多思考。欣慰的是老师和家长朋友的用心执教与精心组织，思考的是下一步我们应该如何完善幸福课程体系。有的班级还存在着随机性教学现象，课程不能形成完整的系列，教学层次还有待提升。但是我坚信我们幸福课程的实施之路会在全体师生以及家长朋友的共同努力下，走得更加坚实！

生活花絮

一个个鲜活的故事总让人感动，一次次美好的回忆总令人神往，一朵朵生活的浪花总能激起生命的涟漪……

积蓄与拼搏

你每天的生活是平静如镜，还是波涛起伏；是缓缓如流，还是高潮迭起；是平淡如水，还是感人至深？这种种情况完全靠自己去创造，自己去经营。如果让我们的生活过得有意义，就要付出，就要创造，就要用智慧去开创。

每一条河流都有自己不同的生命曲线，但是每一条河流都有共同的梦想，那就是奔向大海。生命之河中会有泥沙，你可能慢慢地就像泥沙一样沉淀下去了，一旦沉淀下去，也许不用再为了前进而努力，但是你永远也见不到阳光了。所以我建议大家不管现在的生命处于什么样的状态，一定要有水一样顽强的精神，像水一样不断积蓄自己的力量，不断冲破障碍，你就能够奔腾入海，成就生命的美好。要像水一样包容一切，润泽万物，做到上善若水，厚德载物，在成就自己的同时也成就他人。

风雨之后见彩虹，努力拼搏才能赢得精彩人生！

从容与感恩

生活在社会喧嚣之中，我们心中的那个目标，是否依然像磐石一样坚定？自己是否能冷静下来，从容淡定地面对生活的一切？让我们朝着制定的目标，去奋斗，去拼搏吧！

很多时候，我们需要冷静下来，沉下心来，成熟起来。有时要把丰美的精神盛宴收藏起来，慢慢回味，仔细咀嚼，时时内化，外显于行，自己才会正能量满满，才会真正地强大起来！

当然，真正的平静不是表面的安静，更是用平和的心态看人间万象，静听花开之声，静观万物其变。花开有声，风过无痕，平静来自内心，勿向外求。当我们总抱怨世界的阴暗时，恰恰是自己内心蒙了很厚的灰尘。莫为浮云遮望眼，有智慧的人，从来不活在别人的嘴里，也不活在别人的眼里。让我们感恩身边所有帮助我们成长的人，感恩我们的老师与同事！因为有你们，我们才能在支持与鼓励中前行；因为有你们，我们才能创造成长的奇迹！

感恩我们的家人与朋友，是因为有你们，我们才能幸福成长，开心快乐。感恩世间万物，是因为有你们，我们才能健康地生活。心中有多少恩，就有多少福；心中有多少怨，就有多少苦。要相信任何事情的发生都有其原因，并有助于你，相信一切都是最好的安排。心存感恩才会获得源源不断的能量！

忽然记起孟子言，“天将降大任于斯人也，必先苦其心志，劳其筋骨，饿其体肤，空乏其身，行拂乱其所为，所以动心忍性，曾益其所不能”，顿生无尽的力量。

梦想与现实

世界上有条很长很美的路叫“梦想”，还有堵很高很硬的墙叫“现实”。翻越那堵墙，就是坚持，推倒那堵墙，就能突破。在成长的路上，我们打破的不仅是现实，还是旧的自己。

从今天起，我们要把握当下，放飞梦想，积极乐观地生活和学习。一切万物都没有规定“我能做什么、不能做什么，必须是什么样的人、不能是什么样的人”，正如龚自珍所言：“我劝天公重抖擞，不拘一格降人才。”

我知道自己的梦想有多么重要。它是一粒什么样的种子，取决于我自己。如果我是一粒小草的种子，天地就会帮助我成为一株小草；如果我是一粒鲜花的种子，天地就会帮助我开出一朵鲜花；如果我是一粒楠木的种子，天地就会帮助我成为参天大树。

让我们成为这世界上一粒粒美丽的种子，让世界因我们而美丽！让天地因我们而多彩！让万物因为我们而富有生机！

如果你是雄鹰，你就勇敢地去寻找属于自己的蓝天；如果你是猛虎，你就大胆地去征服属于自己的山峦；如果你是蛟龙，你就无所畏惧地去开拓属于自己的蔚蓝。即使一粒石子甘心为世人铺路搭桥，也是一种辉煌。机会垂青于有胆识的人，成功青睐于有准备的人。让我们努力成为最好的自己吧！

微笑是一种温暖

一天上午，我和老公去办理车本业务，一进门就看到对面一位年轻的女子，还没等我们开口，她就冷冷地甩出三个字：看牌子。她面前的牌子上写着“请到花园路4号办理业务”。“好的，谢谢。”我随口回应了一句，但是我的心里很不舒服。这位工作人员如果面带微笑地回答“老师您好，请看牌子，到花园路4号办理业务”，那多好啊，既快乐了自己也温暖了他人。

一个人的素质体现在方方面面，细枝末节也要引起我们的注意，我们教师在平时的教学中尤其要注意。如果你微笑着面对孩子，孩子们就会信心倍增；如果你微笑着面对同事，同事就会感到你的真诚；如果你微笑着面对他人，他们就会感到你的亲切；如果你微笑着面对生活，生活就会给你无限的精彩。

著名儿童科幻作家杨鹏曾讲述他给孩子们上课时的感受：“孩子们非常喜欢我上课，因为我让孩子们在课堂里能够大声地笑，能够自由表达。可是我发现坐在教室后面听课的老师通常都不笑，或者面无表情，或者一脸严肃。是不是老师平常在课堂上就是这个样子呢？老师不笑，孩子肯定也不敢笑，这样的学习多单调乏味啊！”

冷漠的表情会遮挡生命的阳光，而真诚的微笑则是照亮心灵的暖阳。

行文至此，我忍不住要问：很多老师为什么在校园里和课堂上渐渐没有了微笑？是因为工作太累、压力所致，还是不喜欢教学这份工作？我想还有一种可能——大家忘记了微笑也是教师所应该具备的素养之一。当下我们各种门类的教师培训，关注的大多是教师的学科素养，关注的是课程，很少有人来关注教师的表情，关注教师的微笑。如果在教师培训中，把微笑作为一种基本素养来要求，作为一种教育力量来进行针对性训练，师生关系极有可能得到很大的改善。

老师是否做到微笑教学，在某种意义上是由学校文化决定的。营造一个能够让大家身心放松、自然舒展的文化氛围，是让老师们的微笑能够像花儿一样自然绽放的前提条件。

微笑不仅是一种表情，它还是一种教育力量，是一种心灵暖阳，因为微笑传递的是友善、包容、尊重。当校园里缺失了微笑，也就意味着缺失了智慧和风趣；当社会上缺失了微笑，也就意味着缺失了人性的温暖和友善。

让我们人人带上微笑面对孩子，面对他人，面对社会，面对自然，面对生活中的顺境与逆境、平坦与荆棘，微笑会化为无穷的温暖和无尽的力量，让我们的人生更加幸福美好！让我们生活更加温暖绚丽！

笔耕不辍，岁月如歌

时光是永远的朋友，不离不弃。岁月是人生的画卷，期待美丽。愿君珍惜时光，笔耕不辍，画出一幅无比壮丽的人生画卷。

不知不觉，暑假已过 20 天了，很多的时间被荒废了。自己制定的读书学习计划也执行得不尽人意。时光如水，岁月如歌，时间不是无情的，却是公正的，对惜时如金的人，它就厚爱有加，会给予其无尽的智慧和力量、无穷的知识和美好；对荒废它的人，到头来就会两手空空，遗憾多多。

我们应当人人珍惜它，人人把握它。记得爱因斯坦在上大学时给他的妹妹写信说："在大学里，我唯一不留遗憾的事，就是我没有把时间浪费在无意义的事情上。"科学家爱因斯坦是珍惜时间的典范，是我们学习的榜样。

一分钟我们可以做多少事？据统计：一分钟可以写 15～18 个正楷字，可以阅读 500 字的文章，可以浏览一份 40 多版的报纸，可以看 5～10 个精彩广告短片，可以做 20 多个仰卧起坐，可以走 38 步左右……如果每天拿出半小时来练字，一年的练字量就能达到 16.4 万字；如果每天拿出 1 小时来读书，那么一年内我们的阅读量可达 1095 万字，20 万字的书至少能读完 50 本；如果一天坚持锻炼 1 小时，我们就会收获一个强健的身体……

《劝学》曰："积土成山，风雨兴焉；积水成渊，蛟龙生焉；积善成德，而神明自得，圣心备焉。故不积跬步，无以至千里；不积小流，无以成江海。骐骥一跃，不能十步；驽马十驾，功在不舍。"时间像是热浪，总是推动着灵魂翻涌向前。只要我们有目标，有毅力，有恒心，时时与时间赛跑，我们就一定能实现人生的理想。

笔记带给我的感动

清秀工整的行书字体，生动形象的巧妙设计，多彩图画的和谐剪贴，组成一本本完美的作品。每次茶余饭后，周末闲暇，我都捧来公公的笔记拜读，可谓受益匪浅。笔记中有一股无形的力量，影响着我、激励着我……

公公是一个热爱学习的人，自1997年退休后，他的学习就从未间断。每天的日子都被安排得井井有条，不是伏案而读经典名著、世界伟人传记，就是练习毛笔书法。他和婆婆也很注意锻炼身体，每天下午3:00都要出去走一走。公公上过老年大学，如今83岁的老人仍然是精神矍铄。公公好学乐学，博学多识，讲起来总是头头是道，条理清晰。望着他伏案的身影，我内心充满力量，更没理由在学习上松懈了。

公公是一个善解人意的人。每当我们年轻人做事不妥时，他总是用巧妙的暗示提醒，从不厉声训斥，但是我们心里都很明白，也理解他的用意。

一年寒假，我去给上高三的女儿开家长会，孩子期末考试考得不理想，我心灰意冷地回到家中，总是担心公公问起孩子的考试成绩。他好像觉察出了我的情绪，什么都没有问，只是关心地说："歇会儿就吃饭吧。"我心里顿时一块石头落了地。面对善解人意的他，我露出感动的笑容。

公公是一个识大体、顾大局的人。我们这个大家族每逢新年聚会就能集齐60多人。每次公公都十分操劳，不时来询问菜品的问题，经常唠叨"菜要摆几桌，多切点"这样的话，我们有些不耐烦，但是又一想，他这是为了我们家族能吃个热闹圆满的年夜饭，便不再心有抱怨。我不仅读懂了他的良苦用心，而且学会了用心去感受。有时看到他晚上还在伏案学习，我会悄悄地放在桌上一杯水。

公公是一个心地善良的人。他很关心二叔——公公的胞弟，他们真是手足情深。每年公公和婆婆为了多陪陪二叔，都要回老家住上半年，婆婆在家做饭，公公和二叔一起上山种点儿庄稼，这样二叔就很开心了。有时我们给公公买点特产，他都不舍得吃，带回家给二叔吃。

不光帮助自己的弟弟，别人家有困难，公公也总是伸出援助之手，却从不收谢礼。受其影响，每当他人有困难时，我也会不假思索地出手相助……

公公博学多识，德高望重，说起话来铿锵有力，滔滔不绝又很得体，总能给人以鼓舞。当别人遇到困难时，我也会像公公一样施以援手；当别人心灰意冷时，我也会像公公一样给别人鼓励……我由衷地佩服他，敬重他！

新时代最美的英雄

一份份感人至深的请缨书，一个个战斗在一线的伟岸身影，一双双由于长期劳作被汗水浸皱的双手，一张张被防护面罩压下深深印记的脸庞，一摞摞的病例，一次次的诊断，一个个令人感动的故事……在这个队伍里，有耄耋之年的医学专家，有风华正茂的姑娘小伙，有瞒着妈妈报名的女儿，有舍弃陪伴孩子成长时光的年轻母亲……

他们每一天的战斗有十几个小时，为了挽救每一个生命，他们顾不上休息，顾不上吃饭，有人累倒在病房，有的甚至被劳累和病毒夺去了宝贵的生命，这种舍身忘我的精神，深深地感动着我们每一个人！

哪个女孩不爱美？哪个女孩愿意自断珍爱的长发？十余位姑娘为了穿防护服更方便，毅然自己剪去长发。请愿书像一张张生死状，庄重地叠了厚厚的一摞，即便有去无回，也初心不改。

他们一袭白衣，为感染病毒的病人奔前忙后，毫无怨言；12 个小时的密封防护，任汗如雨下，任睫毛成珠，不顾生死。有拄着拐杖前行的医生，有坐着轮椅出诊的教授，是他们撑起了我们不灭的希望！

哪有什么白衣天使，不过是一群孩子换了战斗的衣服；哪有什么岁月静好，不过是有人替你挡在灾难之前。他们不计报酬，无论生死，就是因为心中有这份坚定的信念，心中有这份沉重的责任，才撑起了我们的希望。大家从心底里感恩你们的付出，心疼你们的辛苦，正是你们最美的身影，让人一次又一次红了眼眶。

你们是新时代最可爱的人，你们是新时代最美的英雄！

暖 阳

一阵北风吹过，树上几片枯叶在窃窃私语，冬日的暖阳还在播撒她的温热。

周末抽时间回老家看望生病的母亲，她身体好了很多，我很开心。一回到家，母亲就忙着给我削苹果吃，我赶紧抢着说："妈，我来吧。"还和小时候一样，她总是说："还是我来吧，你不会削。"母亲总是把我们当孩子看。削完后，妈妈马上递给我吃，接着又开始削第二个，切了一点尝尝，发现第二个苹果比第一个甜，就赶紧从我手里抢过我咬得参差的苹果说："你吃这个，这个甜。"妈，我都50岁的人了，您还把我当孩子呢。看到母亲欣喜的表情，娴熟的动作，我就没有再和她犟。母亲那种专注、享受的样子，令我感到无比温暖。

"还是我来，你不会削。""你吃这个，这个甜。"母亲这几句下意识脱口而出的话拉开了我记忆的闸门，儿时的美好记忆历历在目。刚入初中时，妈妈为我的生活和学习不停地忙碌着，书桌上时时有她赶集时买来舍不得吃的美食相伴，清晨总有她为全家备饭的身影，饭桌上总有她为孩子举箸夹菜的特写，骄阳下也有她弓腰锄地的身影……我发现，随着岁月的流逝，妈妈的头发也泛出缕缕白丝，眼角处已爬满了皱纹。望着她天天忙碌、浑然不惧病痛的身影，一阵酸楚涌上心头……

妈妈是一个勤劳精干的人。我们虽然姐妹多，但是我们的衣服总是干干净净，母亲总能把我们姐妹几个打扮得利利索索。她白天忙地里的农活，只有晚上才能做针线活，母亲总是这样不辞辛苦、日复一日地操劳。

妈妈又是一个善良聪慧的人。妈妈虽然文化水平不高，可是她对事对人有着极强的判断力，始终相信知识就是力量，不遗余力地供我们上大学。"你别干活了，去学习。""这事你应这样做。"母亲一直是一个让我崇拜的人。在我看来，她特别有智慧，心地善良，做事精干，待人热情，记忆力也好，还有丰富的生活阅历，无论哪个方面都可以像老师一样指导我们，对我们成长和生活产生了深远的影响。

"谁言寸草心，报得三春晖。"我们姐妹不仅读懂了妈妈的良苦用心，而且学会了用心去感受，去回报，妈妈的爱如同暖阳时时照亮我的内心。

“你快吃，我给你倒茶，我们包水饺吃……”母亲的一声声关爱，是世界上最美丽的声音。凛冽的北风依旧不停地吹打着窗外枯枝上的残叶，发出呼呼的声音，冬日的暖阳依旧播撒着她的温热，我的内心温暖如春……

舌尖上的美味

美味总是不期而至，不经意间在心中留下一抹惊艳，带给我心灵的复苏，为我绽放出生命的新绿。

“红霞，吃饭了……”这一声柔和的呼唤，让我刚进入书海的注意力瞬间转移到了飘满饭香的餐桌旁。

“来，这是你的饭，我给你搅好了！既不热也不凉，快喝了暖暖身子！”妈妈边说边不断地用勺子舀起汤来，到了一定的高度又倾倒回来，这样娴熟的动作重复了多次。我微微探出脑袋，眯着双眼，碗中令人垂涎欲滴的乳白色汤汁轻拥着细碎的米粒，周边的乳白像是一块可以延展的白布，轻轻地罩着这些开怀而笑的米花，融进了粥里道不尽的温情。

我笑着，捧起白瓷碗，轻轻嗅了嗅。白米粥的清新香气宛如香茗带着丝丝缕缕独特的气韵，沁入心脾，像一阵绵柔的风，在心湖上撩起层层的涟漪，荡漾开去。如此的香味，恬静、古朴、淡雅，为何要惊扰碗中白米粥淡淡的香？

轻轻地拨开白粥上浮着的一层细腻、黏稠的米油，轻轻搅拌底下的粥，迫不及待舀起一小勺，送入口中。绵软的米粒和着温润、稠滑的汤汁在舌尖弥漫，带着浓郁的气息激醒了沉睡的味蕾。淡淡的甜香如丝般缓缓滑过咽喉。粥散发出的白色热气如梦如幻，使人有种飘飘然的感觉。

看着碗里的米粥，粒粒饱满，正如您给我的爱，从不干瘪。此时，心中有股热流涌动，冲开情感的闸门，白米粥里温软的气息渐渐勾起了心底的浓醇亲情……

饭桌前，总是少不了妈妈举箸劝食；当我吃得津津有味时，总是看到妈妈欣慰、满足的笑靥；厌食时，妈妈总是千方百计精心调制美食……妈妈的粥里充盈着对女儿的挚爱，浓郁的温情浸润着我，我心底萌生了幸福的感觉。

透过热气氤氲的米汤，才发觉您的手已不复以往的光滑柔嫩了，乌发中隐藏不住的银发那么扎眼。您用爱铸就了我的成长，但是岁月催老了您，慈情催老了您，还是女儿磨老了您呢？

捧着这碗米粥，感觉它是那么温柔，是所有母爱凝聚的缘故吗？我大口喝粥，细细地咀嚼品味，我知道这个味道叫感动、叫亲情、叫母爱！它笼罩着我、浸润着我、温暖着我……

舌尖上的美味，令我回味无穷！

让我们成为更优秀的自己

时光匆匆而逝，新年翩然已至。我们在这个美好的时刻相见，共同告别过去，也满怀期待翻开未来新的诗篇。

今天之所以美好，之所以重要，在于它特殊的含义，它意味着今后的每一天都是崭新的开始。

过去日子里未完成的目标、未实现的梦想、未相见的亲人、未做好的决定、未知的结局，都将从此刻起拥有可能，找到答案。

我们跟随时光的脚步奔跑，或轻或浅，留下自己独一无二的印记，我们的生活也被这些印记悄悄改变。

是的，我们每个人都能改变现在的生活。

作为一位公民，我们将一张张废纸进行垃圾分类，就能将其变废为宝；作为一名教育工作者，我们关心爱护学生，做好日常教学管理工作；作为一名党员，我们时时刻刻严格要求自己……

在这个时代，我们每个人都不是独立的个体，我们为自己奔忙，也是在为别人的幸福而努力。我们每个人作出的改变、贡献的力量，汇聚在一起就能掀起滔天巨浪，推动巨轮扬帆远航。

今天，祝福世界上的每一个人，愿你拥有美好的生活、健康的体魄和有趣的灵魂。

愿你见证孩子的每一步成长，愿你能常伴父母身旁。

愿你不被蝇头小利蒙蔽双眼、沾沾自喜，愿你不会浑浑噩噩、碌碌无为、虚度光阴。

愿你脚踏实地，既能在平凡的岗位上创造出不平凡的业绩，也能仰望星空，拥抱诗意和远方。

愿你在遇挫时仍不弃希望，汲取前行的力量。

愿你眼中有山海，心中有星辰，以梦为马，不负韶华。

愿每一个你都能成为更好的自己，奋力书写不一样的精彩未来。

2021 年，无数个梦想等待变为现实，我们不怕困难，无畏将来，因为我们都是踏上新征程的行动派！